RECUEIL

DE

POÉSIES

PAR

Léon VUILLET

ANCIEN LIBRAIRE A SAINT-ÉTIENNE

SAINT-ÉTIENNE

IMPRIMERIE DE F. FORESTIER ET Cᵉ

2, rue de la Bourse, 2.

—

1878

NOTICE BIOGRAPHIQUE

———

Pierre-Léon Vuillet, né le 10 novembre 1789, eut pour père Pierre-Henry Vuillet, bonnetier, et, pour mère, Anne-Pierrette Dard.

Son enfance ne nous présente rien de saillant. Nous savons cependant qu'il mit à profit le peu de temps passé à l'école de son pays natal, où il resta jusqu'à l'âge de 15 ans, époque à laquelle son père l'envoya à Besançon apprendre l'état de bonnetier que lui-même professait. Le jeune Vuillet fit ainsi un an d'apprentissage, après quoi, il revint travailler chez son père. Mais cette petite excursion n'avait rien changé aux goûts du jeune bonnetier. L'ancien écolier assidu était toujours amoureux d'instruction et de livres. Sans être paresseux, il oubliait souvent le tissage pour la lecture, et son père était, maintes fois obligé de lui enlever ses livres et même de les lui brûler. Peine inutile ! Les plus modestes épargnes de Vuillet étaient consacrées à réparer les brèches faites à sa pauvre bibliothèque par la main paternelle. Mais cette existence tranquille devait avoir bien vite un terme.

Léon Vuillet venait d'atteindre sa dix-huitième année, et l'empire, toujours insatiable de guerres, ne laissait pas dormir les jeunes gens valides dans le calme de la vie de famille. Il fallut donc satisfaire à la loi de la *conscription* et, quoique d'une constitution plutôt délicate que vigoureuse, partir peu de temps après pour rejoindre son régiment. Par bonheur, le sort lui assigna pour première gar-

nison Vérone. Ses premiers pas, hors de France, le diri-
gèrent donc sous le beau ciel d'Italie, où son imagination,
excitée déjà par ses nombreuses lectures, dut plutôt s'é-
chauffer que se refroidir. La guerre, d'ailleurs, ne lui
laissa pas le temps de s'y amollir. Incorporé au 6° régiment de chasseurs à cheval, Léon Vuillet n'était pas à son
dixième mois de service militaire que déjà il dut assister à
la bataille de Wagram, où son régiment donna avec tant
de vigueur, que lui, soldat d'un an à peine, se trouva,
après l'action, l'un des plus anciens de sa compagnie.

C'est à ce dernier titre qu'il fut choisi, un mois plus
tard, avec des camarades plus ou moins *anciens* que lui,
appartenant à d'autres compagnies, pour aller en Espagne
reformer le 29° régiment de chasseurs à cheval que la guerre
de partisans avait probablement détruit. Vuillet a souvent
raconté l'horreur qu'il éprouva quand il repassa sur le
champ de bataille de Wagram pour se rendre à sa nouvelle
destination. Sur une étendue de deux ou trois lieues, dé-
vastation et solitude complètes. Toutes les fermes étaient
abandonnées et à moitié détruites. On ne rencontrait de
tous côtés que de malheureux soldats blessés qu'il n'avait
pas été possible d'emmener, par suite de la rapidité des
marches, et qui mouraient, brûlants de la fièvre, tortu-
rés par la douleur, sans avoir même la force de se soigner
entre eux. C'était navrant. Emu de pitié, le détachement
dont Vuillet faisait partie s'arrêta et chacun alla chercher
où il put, dans son schako, un peu d'eau pour désaltérer
ces malheureux compagnons d'armes qui ne devaient plus
revoir la patrie.

Léon Vuillet resta cinq ans en Espagne, et assista, pendant ce long séjour, à de nombreuses affaires. Il se rappe-
lait volontiers, plus tard, les siéges de Figuières et de Sa-
ragosse, où l'ardeur belliqueuse des moines l'avait étonné.

Tout, jusqu'à l'eau bouillante, devenait une arme entre leurs mains. Que de fois aussi, il y endura le supplice de la faim ! Pendant les marches pénibles de notre armée, dans ce pays toujours soulevé, le rat, quant on en trouvait, sauvait, par moments, bien des existences. A un pareil régime, il était impossible de devenir chauvin et de s'habituer à une discipline rigoureuse. Mais l'esprit d'indépendance qui, chez Vuillet, se doublait d'un grand respect de la justice, faillit un jour lui coûter cher. Une escouade de chasseurs, dont il faisait partie et où il avait été chargé de remplir les fonctions de fourrier, venait d'escorter à la frontière un général espagnol fait prisonnier. Suivant la coutume, en entrant en France, le captif donna au lieutenant, qui commandait l'escorte, une somme de gratification pour être distribuée *légalement* entre ses hommes. Mais le lieutenant crut devoir partager cette somme seulement entre lui et le maréchal des logis. Vuillet s'indigna de la spoliation dont ses camarades étaient ainsi l'objet ; il s'en exprima brutalement à son chef devant l'escouade, et, dans un moment d'exaltation provoqué par le refus persistant du lieutenant de faire un partage équitable, il alla jusqu'à dégainer son sabre. Ses camarades, loin de le soutenir, se saisirent de sa personne sur l'ordre de leur chef. Deux mois de cachot et la dégradation apprirent ensuite à Léon Vuillet combien il est peu sage de trop aimer la justice.

Sorti du cachot, Vuillet ne se montra pas moins brave soldat qu'auparavant, et, dans un court espace de temps, il reçut deux blessures à la tête. La seconde blessure fut assez grave pour exiger son transport à l'hôpital de Carcassonne, où une agréable surprise et les meilleurs traitements l'attendaient. En effet, au bout de deux jours, toutes les religieuses de l'hôpital s'empressèrent autour de lui

pour le soigner à qui mieux mieux. C'est que l'une d'elles, en examinant les papiers du blessé avait découvert en
lui un compatriote, né comme elle à Poligny, et d'une
famille qui lui était bien connue. Cette rencontre, à deux
cents lieues du pays natal, fut un événement heureux qui
lui concilia toutes les sympathies. Il va sans dire que,
dans ces conditions, la guérison fut prompte, mais la
convalescence fut aussi longue que possible. L'amour
même s'ingénia à la prolonger. Grâce à l'aménité de son
caractère qui n'avait rien de commun avec celui d'un sou-
dard, le blessé avait inspiré les plus tendres sentiments à
l'une des religieuses qui le soignaient. Elle se disait issue
d'une riche famille du Midi, et elle voulait retourner chez
elle avec Vuillet qui se cacherait dans sa famille jusqu'à
la fin des guerres et qu'elle épouserait ensuite. Mais Vuillet
refusa toujours de condescendre à ses désirs, reculant devant une désertion qu'il regardait comme un crime.

Mais ce que Vuillet avait refusé à l'amour, il l'accorda
plus tard aux inspirations de son patriotisme, quand, après
la bataille de Toulouse, à laquelle il assista, il se vit soldat
d'un Bourbon imposé par l'étranger. Il se trouvait alors
en garnison à Carcassonne, où il séjournait pour la seconde
fois. Cent cinquante hommes abandonnaient ensemble le
régiment. Léon Vuillet l'abandonna avec eux, et partit, n'a-
yant pour toute ressource, pour un voyage de deux cents
lieues que la modique somme de 9 fr. Mais l'autorité, qui
les avait laissés partir à Carcassonne, ne tarda pas à les
poursuivre, dès qu'elle les crut dispersés en petites bandes,
dans la direction de leur pays respectif. Elle fut d'ailleurs
ardemment aidée dans cette tâche par la population du
Midi, favorable à l'entrée des Bourbons. A quelques lieues
de marche de Nîmes, nos déserteurs furent entourés par
une foule innombrable de paysans armés qui les mirent

en joue, les dévalisèrent, les forcèrent à crier : *Vive le roi !* et finalement les renfermèrent dans une vieille église. On ne manqua pas, bien entendu, de promettre de l'avancement aux soldats gradés qui voudraient retourner au régiment ; Léon Vuillet, qui était brigadier, repoussa ces propositions comme tous ses camarades. Mais l'aube du jour avait à peine paru que toute la bande avait pris la volée et courait dans la campagne, n'échappant aux cavaliers que l'autorité militaire avait envoyé à sa poursuite qu'en se couchant plusieurs fois dans les blés déjà hauts à cette époque. Les déserteurs arrivèrent enfin, tant bien que mal, à Nîmes, où l'armée étrangère les prit sous sa garde et les fit escorter jusqu'à Lyon. En traversant ainsi le pont Saint-Esprit, Vuillet fit une rencontre singulière dont il ne perdit jamais le souvenir, mais dont il ne put jamais avoir l'explication. Un mendiant tout en haillons, l'apostrophant directement dans l'escorte, lui dit : « Vuillet, tu vas à Poli- « gny revoir tes parents qui t'attendent et qui ont besoin « de toi ; tu fais bien, c'est ton devoir ; tu seras bien « reçu. » Arrivé à Lyon, Vuillet obtint du général autrichien commandant Lyon, pour lui et ses camarades, de se rendre chez eux sans escorte. Trois d'entr'eux devaient passer à Poligny, qu'ils touchèrent un matin à 10 heures. Mais Vuillet ne voulut pas se présenter à ses parents, à l'improviste, en plein jour, avec son misérable accoutrement, la tenue militaire d'écurie, de peur de trop les émouvoir. Ses camarades entrèrent seuls dans la ville. Le hasard mit sur leurs pas le jeune frère de Vuillet qui, voyant le numéro de leur régiment, vint leur demander des nouvelles de son frère. Suivant la consigne qu'ils avaient reçue, ils répondirent qu'ils ne le connaissaient pas. Néanmoins, le jeune homme courut en toute hâte faire part à ses parents de sa rencontre. C'était la préparation désirée par Léon Vuillet, faite de la façon la meilleure et la plus inattendue. Quand la nuit fut tombée, Vuillet se rendit enfin chez ses parents. Inutile de peindre la joie qu'excita son retour. Il dut bien vite remplacer son père maladif, qui mourut d'ailleurs deux ans après, dans le commerce de la bonnetterie dont toute la famille vivait, et devenir le soutien de sa mère et de son jeune frère.

En 1830, contre toute attente, par suite de l'établissement de son jeune frère, comme relieur, à Saint-Etienne, Léon Vuillet vint aussi s'établir dans la cité stéphanoise avec sa vieille mère qu'il ne quitta jamais et qu'il entoura toujours des soins les plus affectueux jusqu'à sa mort survenue en 1840. Une fois réunis, les deux frères ajoutèrent au métier de la reliure le commerce de la librairie, et, grâce à 30 ans de travail, d'économie et de probité commerciale, ils parvinrent à réaliser une fortune qui assura le repos à leur vieillesse. Léon Vuillet, affecté depuis longtemps d'une hernie qui le faisait beaucoup souffrir, préféra goûter ce repos à la campagne. C'est pourquoi les deux frères allèrent, en 1858, se fixer à Saint-Rambert-sur-Loire, dans une modeste mais agréable habitation, située sur les rives mêmes de la Loire.

Au milieu de la paisible nature, Léon Vuillet ne songea plus qu'à la poésie dont il avait toujours fait son passe-temps, à l'armée, dans le commerce, à Poligny, comme à Saint-Etienne. Seulement, au lieu des chansons de noce ou de baptême d'autrefois, il cultivait de préférence la satire. Chose peu ordinaire, le vieux soldat du premier empire était un républicain inflexible qui détestait de toutes les forces de son âme l'infâme et odieux second empire. S'il avait été valide de corps, comme il l'était d'esprit, on l'aurait certainement vu, dans les dernières années de sa vie, prendre une part active, à Saint-Etienne, dans les luttes

de l'opposition contre le gouvernement déchu. Il n'a pas
même eu le bonheur et la consolation de voir cette chute
si méritée qu'il appelait de tous ses vœux. Il est mort
quelques mois trop tôt, le 11 février 1870, sans faiblesse
dans les bras de son frère, son inséparable ami, en expri-
mant le désir, pieusement satisfait, aujourd'hui, dans la
mesure du possible, que ses œuvres soient publiées et que
son unique pièce soit jouée un jour.

RECUEIL

DE

POÉSIES

PAR

Léon VUILLET

ANCIEN LIBRAIRE A SAINT-ÉTIENNE

SAINT-ÉTIENNE

IMPRIMERIE DE F. FORESTIER ET Cᵒ

2, rue de la Bourse, 2.

——

1878

LES OURDISSEUSES

ET

LES PIQUEURS D'ONCES

COMÉDIE EN TROIS ACTES ET EN VERS

AVEC DES CHŒURS

PERSONNAGES :

MM. BOBINET, marchand de rubans.

DESMAILLONS, associé de M. BOBINET.

FLOTTONS, teinturier.

ROQUETIN, commis et teneur de livres.

OUDARD, passementier.

RAVAGEOT, commis de M. FLOTTONS.

Mmes DESMAILLONS, femme de l'associé.

MICHOUDET, maîtresse ourdisseuse.

OUDARD, Annette, ourdisseuse.

Plusieurs ourdisseuses.

La scène se passe chez M. Bobinet, place Saint-Charles,
à Saint-Etienne.

LES OURDISSEUSES ET LES PIQUEURS D'ONCES

Comédie en 3 actes et en vers, avec des Chœurs.

~~~~~~~~~~~~~~~~~~~~~~

ACTE PREMIER

Scène I.

Mlle MICHOUDET (seule).

*Elle tient une bobine de soie qu'elle dépose sur un ourdissoir; elle regarde
la pendule et s'avance sur la scène.*

Sept heures moins un quart : bientôt les ourdisseuses,
Au travail du matin vont arriver joyeuses,
Le bichon [1] à la main, la gaîté dans le cœur,
Chantant pour égayer tous les jours leur labeur ;
Elles n'ont qu'un souci, c'est quand l'affreux chômage,
Parmi les ouvriers vient faire son ravage,
Dévorer le pécule amassé lentement,
Et plus pauvres après qu'elles l'étaient avant ;
Fières, si leur vertu ne faiblit à la tâche.
Mais au plus faible écart aussitôt je me fâche,
Ne voulant pas laisser planer sur la maison.
Le plus mince équivoque et le moindre soupçon ;
Je suis dans l'ourdissoir le cheval de bataille,
La main qui fait mouvoir et la main qui travaille.

---

[1] Pot où l'on mange la soupe.

Il me faut surveiller, à chaque instant du jour,
Et les encroix [2] mal faits et les projets d'amour,
Redouter des commis l'insolent badinage,
Qui souvent met le trouble au sein de l'ourdissage,
Epier constamment du matin jusqu'au soir,
Le maître qui, sans moi, faiblirait au devoir.
Vieux garçon décrépit, pensant encore aux filles,
Et les mangeant des yeux, surtout les plus gentilles ;
Si l'ouvrage est mal fait, quand c'est Annette Oudard,
Pour être pardonnée, il suffit d'un regard.
Souvent je n'y tiens plus, la rage est dans mon âme,
Moi qui, depuis longtemps, peut passer pour sa femme,
Mon travail et mon bien étant dans sa maison,
Il peut m'unir à lui sans ternir son blason ;
Car, enfin, qu'était-il en sortant du village ?
Un jeune homme en sabots, et du plus bas étage.
A force de ramper, il a su parvenir.
Aujourd'hui de ses faits, il n'a plus souvenir ;
Souvent avec hauteur à moi-même il commande,
Et pour un rien aussi bien vite il me gourmande.
Mais ne devrait-il pas me mettre à son niveau ?
Cela s'est assez vu, cela n'est pas nouveau.
Et plus d'une avant moi s'est élevée au faîte,
A su, par son talent, mériter sa conquête ;
Il sera très-heureux. On me dit belle encor.
Et pour un vieux grison, ne vaux-je pas de l'or ?
Lui qui, pour s'enrichir, fait des gains illicites,
Dont l'ardeur à tromper, ne voit point de limites,
Quand le vol de la soie achetée à bas prix,
Entre dans son négoce à doubler ses profits.
Mais on entend chanter ; voici les ourdisseuses.
Toujours des chants d'amour, ah ! qu'elles sont heureuses.

2 Terme d'ourdissage.

Scène II.

PREMIER CHŒUR D'OURDISSEUSES.

Les ourdisseuses posent leurs bichons et viennent se placer de chaque côté de Mlle Michoudet.

Dans nos doigts file, file,
La soie et les amours.
C'est comme un champ fertile,
On récolte toujours ;
L'amour est nécessaire,
Quand le travail languit.
A l'ombre du mystère,
Le cœur s'épanouit.

On dit qu'il n'est pas sage
De penser à l'amour ;
Peut-on, dans le jeune âge,
L'oublier un seul jour.
L'homme dans la vieillesse
Pense à son âge d'or,
Et dans sa folle ivresse,
L'amour le berce encor.

Le travail, c'est la vie,
Il fait passer le temps ;
Avec lui tout s'oublie,
Même un frivol amant ;
Filles de prolétaires,
Notre bien c'est l'honneur.
Arrière les faussaires,
Sans morale et sans cœur.

Quand l'aube printanière
A fait fleurir les prés,
Nous prenons sa bannière
Et marchons tout auprès ;
Quelquefois marguerite
Est sur notre chemin,
Nous l'effeuillons bien vite
Pour savoir le destin.

Il nous dit le temps presse,
Dépêchez-vous d'aimer ;
Tout retard est faiblesse
Pour des cœurs à charmer ;
La vie est monotone
Sans l'attrait du plaisir ;
Ce que la beauté donne
Plaît toujours à cueillir.

Le dimanche au village,
Quand le ciel est serein,
Nous allons sous l'ombrage,
En nous donnant la main ;
Les jeux, les ris, la danse,
Nous font passer le jour ;
On revient en silence,
En se parlant d'amour.

Comme un essaim d'abeilles,
Il nous faut voltiger.
Trop faire les cruelles
Est parfois un danger.
Quoi qu'ils ne valent guère,
Les hommes d'aujourd'hui,
C'est un mal nécessaire,
Il en faut pour appui.

Autrefois à Ithaque,
Pénélope ourdissait ;
Ses amants à l'attaque
Jamais ne l'ébranlaient.
Aussitôt la nuit close,
Tous ses travaux du jour,
De la métamorphose,
Subissaient le retour.

Si cette dame austère
Se trouvait parmi nous,
Elle serait moins fière
Pour les droits d'un époux.
Chaque âge a ses usages ;
En France on est surpris
De voir si peu de sages,
Tant de pauvres maris.

Saint-Etienne, ô ma reine !
Que ton regard est sûr
Lorsque ta main est pleine
D'or, de pourpre et d'azur !
Mais pourquoi dans l'arène
Mesures-tu tes pas,
N'es-tu plus souveraine,
As-tu peur des combats ?

En vain, on te dispute
Le sceptre du bon goût ;
Tes rivaux, dans la lutte,
Sont meurtris de tes coups ;
Tu restes sur la cîme
Le phare étincelant,
Que l'artisan ranime
Par un labeur brillant.

Des fils de l'Helvétie
Saurons-nous triompher ?
C'est par notre apathie
Qu'ils ont pu tout oser.
Arrêtons leur audace
En doublant nos efforts,
Que tout change de face,
Nous arrivons au port.

Scène III.

Mˡˡᵉ MICHOUDET, Mˡˡᵉ ANNETTE OUDARD, M. BOBINET ET LES OURDISSEUSES DE LA SCÈNE PRÉCÉDENTE

Mˡˡᵉ Annette Oudard entre dans l'ourdissage, Mˡˡᵉ Michoudet l'invite à aller près d'elle sur la scène.

Mˡˡᵉ MICHOUDET.

Comment se fait-il donc, Mademoiselle Oudard,
Que toujours au travail vous veniez si tard ?
A vous parer faut-il passer une heure entière,
Et venir, sans façon, tous les jours la dernière.
Voyons, répondez-vous ?

Mˡˡᵉ ANNETTE OUDARD.

Mon frère Séraphin,
En s'approchant du feu, s'est brûlé ce matin.
A ses cris déchirants, mon père avec vitesse
Est bientôt accouru tenant une compresse ;
L'enfant était sur moi tout le corps étendu.
Mon père de Raspail cherchait le résidu.
Il a légèrement lavé la main malade,
A mis de la charpie enduite de pommade,
Et nous l'avons posé sur le lit doucement.
Voilà la vérité, voyez si...

Mˡˡᵉ MICHOUDET.

C'est charmant.

Vous quittez à l'instant le maître sur la porte ;
Il vous a consolée et vous vous sentez forte ;
Il vous aura promis quelques riches présents,
Si vous consentiez à ses embrassements.
Depuis longtemps déjà vous convoitez ma place
Et vous avez cherché d'obtenir ma disgrâce ;
C'est bien digne de vous, je devais m'en douter.
L'hypocrite est toujours le plus à redouter ;
Votre cœur a bondi d'une vive allégresse
De devenir bientôt du patron la maîtresse.
C'est un rôle assez beau.

Mˡˡᵉ ANNETTE OUDARD.

Vous me calomniez.

Mˡˡᵉ MICHOUDET.

Dites ce qu'il a dit, voyons, si vous l'osez ;
Vous voudriez pouvoir, aux yeux d'un sot vulgaire,
Etaler la vertu sous l'ombre du mystère ;
C'était bon autrefois ; mais quand on veut aimer…

M. BOBINET.

Pourquoi des pleurs ici, vite, allez pantumer [1].

Les ourdisseuses sortent. Mˡˡᵉ Michoudet se cache dans la coulisse.

Mais vous, restez Annette, il faut sécher les larmes
Que vous ont fait couler ces mégères de femmes ;
Elles voient que mon cœur est à vous sans retour
Et cherchent à briser notre naissant amour ;

[1] Terme d'ourdissage.

Démon de Michoudet, tu me la paieras belle.
Je connais le moyen de refroidir ton zèle.
C'est assez parler d'eux, parlons un peu de nous.
Dites-le moi, ma chère Annette, m'aimez-vous ?
Est-ce moi désormais qui doit de votre vie
Assurer le bonheur ? Ah ! je vous y convie,
Voyez non loin d'ici ce bel appartement,
Il sera votre asile, ò mon aimable enfant !
Je le ferai meubler dans un goût magnifique :
L'ordre corinthien avec l'ordre dorique
Uniront à la fois leurs brillants chapiteaux.
Et la soie enlacée en nœuds orientaux
Finira d'embellir cette belle demeure,
Où vous me permettrez de vous voir à toute heure.
Vous aurez près de vous, toujours pour vous servir,
Une femme attentive au plus faible désir ;
Un luxe de bon goût sera votre parure,
Il viendra compléter ce qu'a fait la nature ;
Un bon maître de chant vous formera la voix
Et sur le piano dirigera vos doigts.
Vos jours s'écouleront au sein de l'abondance ;
L'amour et la gaîté seront votre espérance.
Dites, consentez-vous ?

Mⁿᵉ ANNETTE OUDARD.

Consentez-vous à quoi ?

M. BOBINET.

Ne le savez-vous pas, ma maîtresse, enfin.

Mⁿᵉ ANNETTE OUDARD.

Moi !

Votre maîtresse, oh ! non, pas même votre femme.
Nonobstant tout votre or et toute votre flamme ;

Si de l'hymen un jour j'accepte le lien,
La loi nous unira, l'homme sera le mien.
Je ne salirai pas le beau titre de mère.
Ma foi sera donnée, il l'aura toute entière ;
Cessez de m'engager à faiblir lâchement,
Quand le devoir m'oblige à marcher autrement.

M. BOBINET.

Vous voyez tout en beau, comme une jeune fille
Qui croit s'élever haut parce qu'elle est gentille.
Regardez de l'hymen l'affligeant résultat :
A peine est-on unis qu'on ne le voudrait pas.
La vierge d'autrefois est beaucoup moins aimée.
Sitôt que de l'amour la lune est consommée,
On bâille à ses côtés, on la voit moins souvent ;
Encor, quand on la voit, c'est peut-être un tourment ;
On la croyait brûlante, elle est froide à la glace ;
Mais parlons du mari, regardons l'autre face :
Qu'ils étaient séduisants ses débuts amoureux,
Comme il était soumis, comme il était heureux ;
Il voulait vous aimer toute la vie entière,
De toutes les beautés vous disait la première.
Regardez sa démarche et son port si brillant,
Qui ne raffolerait d'un trésor si charmant ?
Quel bonheur ! dans huit jours elle sera ma femme.
Amour, remplis mes sens d'une nouvelle flamme.
Le maître, après trois mois, poursuit une maîtresse,
Quand déjà sa moitié languit dans la tristesse ;
Elle, de son côté, s'ennuyant à la fin,
Ecoute les soupirs d'un aimable voisin ;
Bientôt chacun des deux poursuit son tête-à-tête,
On ne parle au logis que de joie et de fête.
Et pendant qu'on s'amuse, il arrive un beau jour
Que le coffret est vide aussi bien que l'amour.

Mais, Annette, en m'aimant, cela n'est pas à craindre,
Je puis tout prodiguer sans nul besoin de feindre,
Et je vois que vos yeux n'ont plus ce grand courroux,
Que je peux sans contrainte arriver près de vous,
Essayer un baiser.

Mlle ANNETTE OUDARD.

Mon Dieu ! quelle infamie.
Est-ce pour m'avilir que tu m'aurais nourrie ?
Bon père affectueux et qui nous aime tant,
Verrais-tu d'un œil sec profaner ton enfant ?
Non, Monsieur Bobinet, je sais gagner ma vie.
Tous vos brillants atours ne me font point envie ;
Elevée au travail dès mes plus jeunes ans,
J'ai peu connu l'enfance et ses plaisirs bruyants.
Il faut vous consoler, et rien n'est si facile :
Les beautés qu'il vous faut, on les compte par mille ;
Mais veillez sur vos jours, vos cheveux déjà blancs
Sont un indice sûr de la marche du temps,
Et femme entretenue est une marchandise
Que l'on trouve plutôt au marché qu'à l'église.

Scène IV.

M. ROQUETIN. — Mlle ANNETTE OUDARD. — M. BOBINET.
Mlle MICHOUDET.

M. ROQUETIN.

Voici le courrier de Monsieur Bobinet.

M. BOBINET.

Allez le déposer dans notre cabinet.
A Monsieur Desmaillons, donnez-en connaissance,
Que nous voyons tous deux cette correspondance.
Je vous quitte un instant.

Mlle ANNETTE OUDARD.

Que me veut-il encor ?
N'aurait-il pas fini de parler de son or ?

M. ROQUETIN sortant de la coulisse où il s'était caché.

Ah ! pardonnez, Annette, à mon impatience
Et croyez que mon cœur devançait ma présence.
Que vous demandait-il ce vieil audacieux ?
Pour faire épandre ainsi les larmes de vos yeux ;
Qu'il me tardait d'ouïr de votre propre bouche
Le sujet de vos pleurs et tout ce qui vous touche.
Je m'abuse en pensant qu'il vous parlait d'amour.
L'hiver peut-il jamais assurer un beau jour ?
Je ne m'attendais pas...

Mlle ANNETTE OUDARD.

Et vous pouvez le croire,
Il veut m'entretenir sur l'or et sur la moire.
Il faudra, me dit-il, pour conserver son cœur,
L'aimer avec transports, l'aimer avec fureur.
Voyez tout mon bonheur de baiser ce visage.
Convenez qu'il faudrait avoir un grand courage,
Et dites, il n'est rien de comparable à moi,
De n'avoir à donner que mon cœur et ma foi.

M. ROQUETIN.

Vous souvient-il encor des jeux de notre enfance,
De ces jours si remplis de joie et d'espérance ;
Qu'au pré Pélissier, courant, faisant aux choux,
Vous aimiez toujours m'avoir tout près de vous.
Depuis ces temps passés, je suis resté le même,
Je vous aimais alors, jugez si je vous aime ;
Aussi décidément, il faut qu'avant ce soir,
J'étrangle Bobinet ; j'aurai fait mon devoir.

Mlle ANNETTE OUDARD.

Ah ! gardez-vous en bien, ce n'est que par la ruse
Que nous aurons raison de cette vieille buse.
Mais on vient par ici, ce sera Bobinet ;
Surtout, soyez prudent ; non, c'est la Michoudet.

Mlle MICHOUDET.

Veux-tu me pardonner, dis-le moi vite Annette.
Tous mes emportements, hélas ! que je regrette ;
Cachée en cet endroit, je sais tout maintenant.
J'ai vu de Bobinet, le fol empressement.
Si tu veux désormais devenir mon amie,
Ma vengeance à t'aider ne peut être endormie.
Nous trouverons moyen d'enlacer l'amoureux,
De lui faire payer la chaleur de ses feux ;
Et ne sais-tu donc pas que toute femme forte
Peut conduire aisément un homme de la sorte.
Je me charge de tout, seconde mon essor,
Et bientôt dans nos mains coulera son trésor.

Mlle ANNETTE OUDARD.

Non, non, je veux quitter cette maison inique,
Où la fille sans tache est jugée impudique,
Où l'on met au niveau le vice et la vertu ;
Où toujours le plus faible est toujours le battu.
C'est assez discourir, la chose est arrêtée.
De ce départ subit vous n'êtes pas flattée,
Qu'en peut-il résulter de blâmable pour moi ?
En m'en allant d'ici, chacun sait bien pourquoi ;
Veuillez sur mon carnet faire régler mon compte,
Je vous quitte à l'instant, sans regret et sans honte.

Elle sort.

Scène V.

M. Bobinet. — M. Roquetin. — M. Desmaillons. —
Mlle Michoudet.

M. Bobinet.

Vous ici, Roquetin, pendant qu'on vous attend,
Que partout le travail est par vous en suspend.
Si vous vous négligez, c'est une triste affaire.
Mais que marmottez-vous ? Commencez par vous taire,
Et courez promptement faire votre devoir,
Ce que vous aurez fait, je le verrai ce soir.

Il sort.

Croyez-vous, Desmaillons, les conseils que nous donne
Notre correspondant ; beaucoup mieux que personne,
Se trouvant à New-York, il peut tout observer ;
Mais tout en nous soldant, oser nous conseiller
D'arrêter nos envois partant pour l'Amérique,
Si nous ne voulons pas mourir de la colique ;
Que l'argent nulle part ne se peut plus trouver,
Que le crédit est mort ou près de s'achever,
Que les banquiers à sec ont verrouillé la porte,
Ne voulant pas chez eux que l'on entre ou l'on sorte.
Je doute de cela...

M. Desmaillons.

C'est un homme d'honneur,
Qui, pour nos intérêts, est rempli de ferveur;
Acceptons ses conseils, je les crois salutaires,
N'allons pas nous fourrer dans de tristes affaires,
Car nous saurons bientôt à quoi nous en tenir.
Je vous quitte un instant, j'ai besoin de sortir.

2

M. Bobinet.

C'est à vous, Michoudet, et qu'a dit notre belle ?
Mais c'est assez, vidons d'abord notre querelle :
Vous m'en voulez beaucoup, cabalez contre moi ;
D'où vient ce grand courroux qui vous met en émoi ?
C'est tout juste au moment qu'arrangeant vos finances,
Je courus ce matin réclamer mes quittances
Pour sortir de mes mains vos trente mille francs,
Compris les intérêts bien au moins de trois ans.
C'est à Monsieur Lourdeau que j'ai prêté la somme
En première hypothèque et de tout point conforme.
Ainsi, tous les six mois vous aurez l'intérêt,
Comme c'est stipulé dans notre acte de prêt.
Vous n'aurez qu'à donner deux ou trois signatures ;
La rente arrivera sans craindre les tortures ;
C'est quand je vous assure un si bel avenir,
Qu'à me contrarier vous trouvez un plaisir.
Je ne m'attendais pas...

Mlle Michoudet

Eh bien ! j'étais jalouse,
Ayant toujours rêvé d'être un jour votre épouse ;
Croyez-vous que mon cœur pour vous ne saignait pas
En vous voyant d'une autre adorer les appas ;
Quand j'entendais l'éclat de toutes vos promesses,
Qu'à peine un gros banquier ferait dans ses largesses.
Mon cœur endolori se gonflait dans mon sein,
Je me sentais mourir, mourir de votre main.
Que de nuits sans sommeil, que de larmes versées,
Et tombant goutte à goutte en ma couche entassées !
Hélas ! j'en souffre encor...

M. Borinet.

Il ne faut plus souffrir ;
Celui qui fait le mal doit savoir le guérir.
Il fallait sûrement que vous soyez cachée
Pour savoir mot à mot, tout...

Mlle Michoudet.

Oui, j'étais fâchée,
Et voulais m'enquérir si vraiment votre amour
Aurait longue durée ou bien n'aurait qu'un jour ;
J'ai vu que ce n'était qu'un amour de passage,
Que le calme viendrait bientôt après l'orage.
J'ai feint de me liguer avec Annette Oudard,
Pour savoir ses projets, les déjouer plus tard ;
Ses grands airs, sa hauteur, m'ont bien vite indignée,
Tant sa morgue de fiel me semblait imprégnée.
O qu'elle aurait besoin d'une bonne leçon
Pour plier cet orgueil, pour abattre ce ton.

M. Bobinet.

Non, d'Annette jamais je ne ferai ma femme.
Plus ses mépris sont grands, plus je me sens de flamme.
Les vœux que vous formez, j'espère les combler.
Et de chagrins cuisants la pouvoir accabler.
S'il arrivait jamais que l'hymen me convienne,
Je puis bien imiter la mode prussienne :
Ma main droite est à vous, ainsi que tout mon bien,
Annette aura la gauche ou plutôt n'aura rien.
Vous la verrez bientôt, modeste, humble et soumise,
Contente de l'état où mes soins l'auront mise,
Se pliant à mes goûts, à mes moindres désirs,
Ne pensant plus alors d'exhaler des soupirs.

Mᴵˡᵉ MICHOUDET.

On dit qu'elle a du bien...

M. BOBINET.

Elle n'en aura guère,
Si tout ce qu'elle attend doit venir de son père.
Depuis déjà longtemps, il est bien dérangé,
Et son seul ouvrier a reçu son congé ;
Ses métiers sont vendus. C'est au café Levrasse,
Que naguère il a fait ce beau tour de besace.
Il a beaucoup d'amis. Quand on mange son bien,
On est sûr d'en trouver toujours sur son chemin ;
Pour arriver plus vite, ils lui firent entendre
Qu'une maison jamais ne pouvait beaucoup rendre ;
Qu'à la Bourse, au contraire, il pourrait s'enrichir,
Qu'avant de rien tenter, il fallait s'enquérir.
Le conseil était bon, mais il devait le suivre.
Or, l'on trinqua si bien, que le soir il fut ivre ;
De l'enquête enterrée on ne reparla plus.
Nantis sur la maison, on trouva des écus.
Maître Oudard, à Paris, bientôt fit le voyage,
Où son or fut changé pour des coupons de gage.
Il revint très-content, mais la dette marchait :
Il fut bientôt contraint d'en payer l'intérêt.
Le prêteur activait, devant déjà lui-même.
L'embarras pour Oudard était vraiment extrême.
Il porta ses coupons chez tous les gens d'argent,
Mais aucun n'en voulut, tant ils montraient néant.
Je fournis tous les fonds pour un transfert habile,
Tellement qu'à présent, je les tiens, père et fille.

Mᴵˡᵉ MICHOUDET.

C'est peut-être chanceux.

M. Bobinet.

Demandez Roquetin.
Chez son futur beau-père envoyez-le soudain.
Qu'il dise à maître Oudard de venir au plus vite
Pour m'entendre avec lui sur ma valeur inscrite.

Mlle Michoudet sort et rentre aussitôt.

M. Bobinet.

Je la tiens ; elle est prise et ne peut m'échapper,
Mon unique embarras est sur lequel frapper ;
Commençons tout d'abord d'épouvanter le père,
La fille viendra bien m'apporter sa prière.

Mlle Michoudet.

De revoir son Annette, ah ! qu'il sera charmé ;
Est-il plus grand bonheur que voir l'objet aimé.

M. Bobinet.

Se parlaient-ils souvent, ici, dans l'ourdissage ?

Mlle Michoudet.

Non, Annette toujours passa pour fille sage,
Et je ne comprends pas d'envoyer Roquetin
Chez la femme qu'il aime et dont le cœur est plein.
Déjà voici cet homme ; adieu.

Scène VI.

M. Oudard. — M. Bobinet.

M. Oudard.

Votre avis presse.
D'accourir aussitôt pour vous voir je m'empresse.

M. BOBINET.

Asseyez-vous, Monsieur, et causons, s'il vous plaît.
Votre prêteur d'argent n'étant pas satisfait
De votre négligence à lui payer sa rente,
Vint ici l'autre jour avec une parente.
On parla vaguement de la pluie et du temps,
Quand enfin il me dit que bientôt, au printemps,
Il avait à payer, qu'il ne savait que faire,
Qu'une aide de ma part lui serait nécesssaire.
Sitôt je demandai combien l'acte portait :
Trente-et-un mille francs pour rentrer dans mon prêt,
Dit-il ; l'inscription aussitôt transférée,
Assure votre avoir et maintient sa durée ;
La maison valant bien quarante mille francs,
Vous n'avez rien à craindre en vous portant garant.

M. OUDARD.

Mais la maison vaut plus.

M. BOBINET.

         Soit, cela m'est utile.
De rentrer dans mon prêt ce sera plus facile.
Désormais c'est à moi, vous l'avez entendu,
Que vous devrez payer : j'aime un homme assidu ;
Vous l'étiez autrefois avant votre inconduite,
Et vous pouvez encor retrouver du mérite,
Reprendre le travail trop tôt abandonné,
Avec le doux espoir d'en être pardonné.

M. OUDARD.

Pour vous c'est très-aisé, mais comment puis-je faire ?
Labourer sans charrue est une triste affaire.

Mes métiers sont vendus, il en faut acheter,
Et ma bourse à présent est facile à compter.

M. BOBINET.

Eh ! bien, nous chercherons à vous venir en aide :
Quelques mille de francs serviront de remède.
Surtout, pensez qu'au terme il faut mes intérêts.
Faites qu'à l'avenir je n'aie point de regrets.
Mais quittons ce sujet, reprenons-en un autre :
Votre fille a trahi son devoir et le vôtre,
En se sauvant d'ici sans droit et sans raison,
Comme fait un voleur surpris dans la maison ;
Elle doit s'applaudir d'une telle équipée,
Se donner en victime indignement trompée.

M. OUDARD.

Non, mais elle a dit...

M. BOBINET.

Quoi, parlez...

M. OUDARD.

Que son honneur,
Etait trop en péril avec un suborneur :
Que par vous constamment elle était obsédée ;
Qu'elle a préféré fuir qu'être vilipendée.

M. BOBINET.

Ai-je bien entendu ? C'est bien vous, maître Oudard.
Eh ! bien, je vous le dis sans détour et sans fard,
Vous allez à l'instant venir avec Annette.
Si vous ne venez pas, oh ! ma vengeance est prête.
Tel, on nous dépeint Job, assis sur un fumier,
Tel est votre avenir. Je serai sans quartier.

FIN DU PREMIER ACTE.

ACTE DEUXIÈME

Scène I.

M. BOBINET. — M. FLOTTONS. — M. ROQUETIN.

La scène représente un salon. M. Bobinet tient un journal, lorsqu'il entend
frapper ; il va ouvrir la porte.

M. BOBINET.

Bonjour, Monsieur Flottons, vous avez quelque chose,
Pour venir me trouver.

M. FLOTTONS.

Parlez bas, bouche close,
Et regardez plutôt si tout est bien fermé.
A ne plus parler haut je suis accoutumé.
Depuis que ces marchands font de la surveillance,
Je deviens plus craintif et perds mon assurance.

M. BOBINET.

Soyez sans crainte ; ici personne n'entend rien.

M. FLOTTONS.

Vous me tranquillisez, me faites un grand bien.
Je puis vous procurer de belles marchandises,
Très-riches en couleur, blanc, lilas, noir et grises,
Et bien d'autres encor, même à des prix très-bas :
Trente-cinq francs le kilog.

M. BOBINET.

Non, je n'en veux pas.
Ce n'est pas mon article, et combien la plus chère ?

M. FLOTTONS.

Cinquante et quatre francs, c'est le prix de naguère.

M. BOBINET.

Que la soie illicite est chère à ce prix-là.

M. FLOTTONS.

Gagner trente du cent, et peut-être au-delà.
Combien vous faut-il donc ?

M. BOBINET.

C'est à courir la chance
D'être mis en prison ; je tremble quand j'y pense.

M. FLOTTONS.

Ce remords vient bien tard.

M. BOBINET.

J'ai des pressentiments.
Je me sens accablé, me trouble à tout moment.

M. FLOTTONS.

Faut-il vous rassurer ; oh ! la plaisante affaire ;
C'est le plus grand fripon qui calme son confrère ;
Mais quelqu'un nous écoute, entendez-vous marcher ?

M. BOBINET.

Ce sera Roquetin, venant pour me chercher.
Je vais voir ; oui c'est lui, mais n'ayez nul ombrage,
Croyez qu'il n'en est pas à son apprentissage ;
Jamais il n'a faibli sur ces points délicats,
Dont nos législateurs ont fait des attentats.

Je voudrais bien savoir par quel escamotage,
Vous enlevez la flotte et laissez le pesage,
C'est un tour si subtil à pouvoir deviner,
Que mon esprit pesant m'a fait abandonner.

M. FLOTTONS.

De comprendre cela c'est pourtant bien facile,
De charger plus ou moins ce n'est pas difficile.
Le poids vous manque-t-il, à la cave on l'enfouit.
La soie une heure après vous tierce le produit.
Il en est des couleurs comme de l'atmosphère :
Souvent la nue est lourde et d'autrefois légère.
Allons, décidez-vous, j'ai vingt négociants,
Si vous ne prenez pas, qui seront très-contents.

M. BOBINET.

Vous ferez un rabais.

M. FLOTTONS.

Non, je n'en puis point faire,

En vous laissant la soie au prix de la dernière ;
Mais pour l'expédier, je change mon transport,
On me force à plier sous la loi du plus fort.
Ravageot, mon commis, la portera lui-même.
Il me faut inventer un nouveau stratagème.

M. BOBINET.

Combien m'en livrez-vous ?

M. FLOTTONS.

Comme précédemment :

Soixante et des kilos, sont tout prêts maintenant ;
Dans nos livres jamais ne faisons d'écritures.
Entre nous il suffit de nos deux signatures.

Fin de ma livraison soldéz-en le montant,
Et nos persécuteurs ne verront que néant.
Voilà bien, selon moi, la meilleure assurance
D'écarter les agents sans craindre la potence.
C'est un petit total de trois mille et trois cents.
Adieu, le temps me presse et je pars à l'instant.

Il sort.

M. BOBINET.

De mon associé craignons l'humeur rigide,
Lui, dont la probité n'a nul besoin de guide.
Faisons une facture et qu'il n'en sache rien.
Portons le prix réel et tout marchera bien.
D'en augmenter le poids, c'est bien la moindre chose.
N'y participant pas, c'est moi seul qui m'expose,
C'est à lui de payer mes soucis alarmants,
Autrement je ferais un petit jeu d'enfants ;
Vous avez dans vos mains sa dernière quittance,
Je tiens à le savoir, il m'en faut l'assurance.
Je furette partout sans la pouvoir trouver.

M. ROQUETIN.

De rechercher encor il vous faut achever ;
Car je vous la rendis la semaine passée ;
Avec d'autres papiers vous l'avez entassée.

M. BOBINET.

Je ne sais ; en tout cas, pour moi c'est un souci,
Qui ne peut s'annuler qu'en disant la voici ;
Allez dans le bureau, feuilletez tous les livres ;
La Michoudet et moi bientôt allons vous suivre.

Il sort.

M. BOBINET (seul).

S'enrichir par le vol est un tourment affreux,
On a l'esprit faussé, l'on n'est jamais heureux ;

Il semble qu'après vous suit toujours la justice,
Epiant tous vos pas, forgeant votre supplice.
Mais pour s'élever vite est-il d'autres moyens ?
Un homme est inconnu s'il n'a beaucoup de biens.
Avec l'or on a tout, on peut parler en maître,
Chacun est empressé de rehausser votre être ;
Je ne puis me résoudre à quitter ce métier :
Je descendrais du faîte et serais le dernier ;
Mieux vaut se prélasser, étaler dans le monde
Un faste éblouissant, doublant votre faconde,
Passer pour un génie égal au conquérant,
Etre, parmi les siens, le premier commerçant.
Oui, tout bien calculé, conservons notre place,
Et faisons largement d'autres tours de Pancrace.
Je suis impatient, voyons si Roquetin,
A fini sa recherche et retrouvé mon bien.

Il sort.

Scène II.

M. OUDARD. — M. DESMAILLONS. — Mme DESMAILLONS
Ils entrent par une autre porte,

M. OUDARD,

J'accours auprès de vous, vous conter ma disgrâce,
Et comment Bobinet, cherche à prendre ma place,
L'infâme scélérat ! Sur le déclin du jour,
Un homme assez bien mis et rôdant dans ma cour,
Demandait aux passants l'endroit de ma demeure,
Voulait m'entretenir, promptement et sur l'heure.
On lui fit voir chez moi ; sans façon il entra,
Déploya des papiers, et soudain me montra
Un dossier paraphé d'une saisie entière,
Ne me laissant plus rien pour finir ma carrière.

Le tonnerre en éclats serait tombé sur moi
Que je n'aurais pas eu plus de crainte et d'effroi,
Oubliant dès longtemps ses terribles menaces,
Les prenant en dédain comme on fait des grimaces,

M. Desmaillons.

Mais il est dans son droit, si vous ne payez pas.
Son prêt s'étend encor au-delà du trépas.
Et les lois sont pour lui comme pour tout le monde.

M. Oudard.

C'est vrai, mais écoutez si sa fourbe est féconde :
Vous savez dès longtemps que ce vieux libertin,
Du plus vil séducteur a trouvé le chemin.
Qu'au moins depuis six mois il flagorne ma fille.
Qu'il veut avec de l'or enfiler son aiguille ;
Qu'il me donne le choix de céder mon enfant,
Ou d'être à l'avenir un pauvre mendiant ;
Que, dans une heure au plus, Annette à l'ourdissage,
Doit se montrer riante et toujours aussi sage,
Qu'alors il me promet un bonheur sans pareil :
Du vin à mon coucher, du vin à mon réveil.
Il m'a fallu céder, et ma fille est partie.
Mais d'une autre Lucrèce elle a la répartie,
Me disant que plutôt de perdre son honneur,
Ses ciseaux serviront à s'en percer le cœur.

Mme Desmaillons.

Vous le voyez, Oudard, ce qu'est l'ivrognerie.
Il connaît votre faible il vous en humilie ;
Ce mal abrutissant ne détruit pas l'honneur,
On peut aimer le vin sans être suborneur ;
Non que je veuille en rien atténuer le vice
Qui, presque tous les jours, accroît votre supplice.

Ce monstrueux forfait doit vous avoir guéri.
Désormais votre teint doit être moins fleuri ;
Que le vice est brillant assis à bonne table,
Quand le bordeaux circule et qu'il est délectable,
Qu'à l'aise on peut causer, réveiller ses amours,
Etaler en riant l'abus de ses beaux jours ;
Conter à ses amis l'ineffable journée,
Où la fille est séduite et reste abandonnée.
Quand il fallait opter pour l'honneur ou du pain,
Qu'elle a préféré voir la honte dans son sein.
De ce monde élégant, vous voyez la surface :
Plus il paraît brillant, plus il est coriace.
Là, qui trompe le mieux est le meilleur enfant,
Chacun veut l'imiter et doit en faire autant.
Et n'a-t-il pas voulu, ce Bobinet infâme,
Essayer près de moi les soupirs de sa flamme.
Ah ! quand femme le veut elle a bientôt raison
De tous ces farfadets déversant le poison,
Que l'on devrait forcer d'épouser leurs victimes.
Alors on verrait moins d'attentats et de crimes.

M. Desmaillons.

Tu dis la vérité ; mais n'a pas résolu
Ce que pensait Oudard, ce qu'il aurait voulu.
Je voudrais bien pouvoir obliger ce pauvre homme,
Etant à découvert, et d'une bonne somme.
Je ne vois pas comment.

Mme Desmaillons.

Non, tu ne le peux pas.
A moins de te fourrer Bobinet sur les bras.
On n'y comprend plus rien, à tous nos inventaires,
Au lieu d'avoir du gain, nous avons des misères ;

Il faut te méfier, chercher à voir plus clair ;
Qui dit associés, dit un vrai mal d'enfer,
Car toujours l'un des deux tire un peu plus la corde,
Tout en prêchant la paix, l'union, la concorde.
Ce qui le montre mieux, c'est la comparaison
Que je fais de la sienne avec notre maison ;
Chez moi, dans tous les temps, on ne voit sur ma table
Qu'un seul plat nourrissant et vraiment confortable ;
Mais allez voir chez lui, c'est cailles et perdreaux,
Dindons, truffes, saumons, sucreries et gâteaux.

M. OUDARD.

Chut! on entend parler.

Mᵐᵉ DESMAILLONS.

Ici, cachons-nous vite.

Scène III.

M. BOBINET. — Mˡˡᵉ ANNETTE OUDARD. — PLUSIEURS
OURDISSEUSES.

M. BOBINET.

Avec moi mes amours vont venir à ma suite,
Je les entends ; venez, activez mes désirs,
Embrassez votre maître et chassez vos soupirs ;
N'économisez rien pour ce beau jour de fête,
Qui doit de mon amour avancer la conquête.
Allez, devancez-moi, préparez le festin ;
J'ai de mon cellier choisi le meilleur vin.
Sur les gazons fleuris qui dominent la Loire,
J'aurai l'insigne honneur de vous verser à boire.
Partez, et m'envoyez Desmaillons à l'instant.

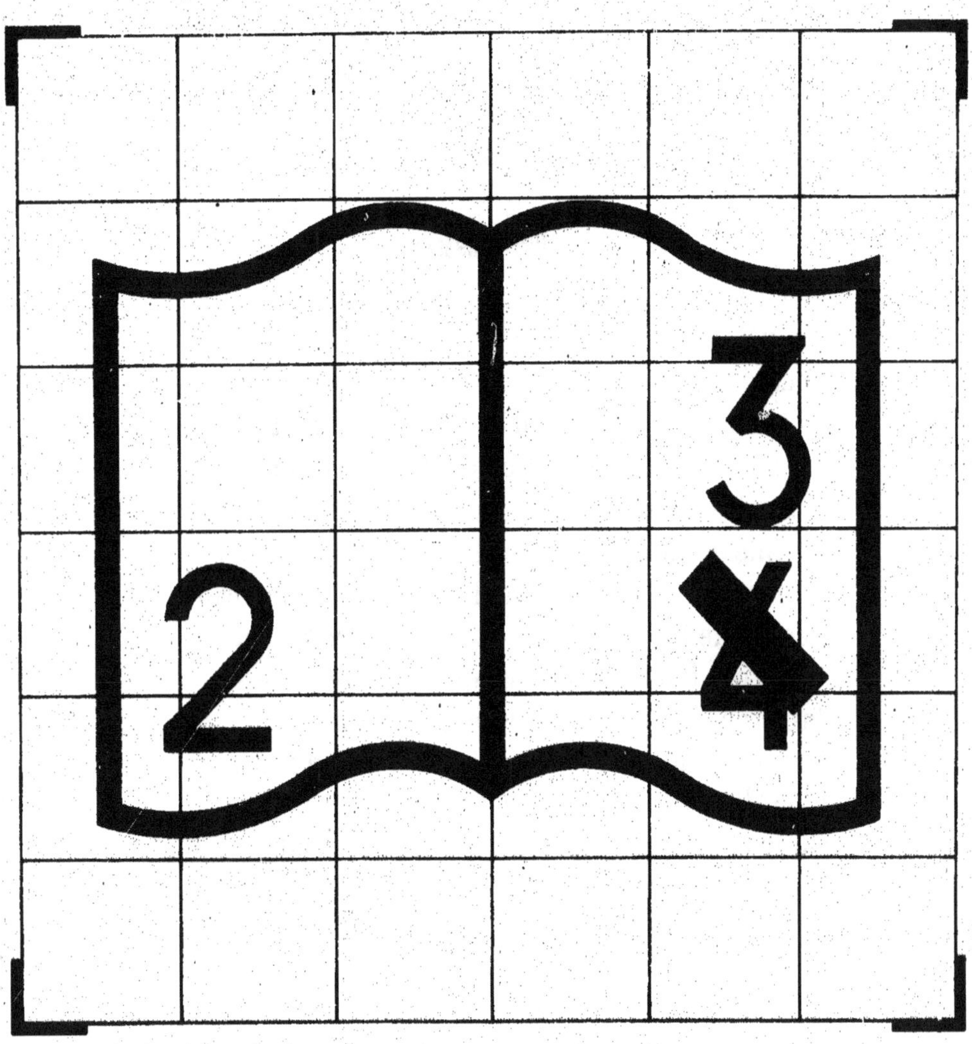
2
3
4

M. DESMAILLONS.

Vous me demandez.

M. BOBINET.

Oui, pour un petit moment.
Il me faut absenter, terminer une affaire,
Qui me concerne seul, dont vous n'avez que faire.
Dans deux heures au plus je serai de retour.

Il sort.

Mme DESMAILLONS.

Voilà sans se gêner comme on conduit l'amour.
Un père est en souci des vertus de sa fille,
Quand souvent l'ourdissage en fait une guenille ;
Si le maître blasé prend l'amour en dégoût,
Le commis en profite et contente son goût ;
Il semble à ces messieurs, qu'en payant la journée,
La fille est très-heureuse et doit s'être donnée ;
Non qu'on ne voie encore d'honnêtes commerçants,
Fâchés de tout le mal que font des mécréants,
Qui n'ont jamais appris ce qu'était la morale,
Préférant bien plutôt le vice et le scandale.
Oui, oui, tant qu'on verra dans la même maison,
L'ourdissage accolé sur le même perron,
Où le maître en despote a choisi sa demeure,
Vous aurez d'un bazar le mépris à toute heure.

M. DESMAILLONS.

Il faut que cela soit pour notre utilité.
Toujours cela s'est fait ainsi dans la cité.
Il serait curieux de courir les villages,
Pour surveiller la soie et voir ses ourdissages,
Alors bien aisément on nous ferait le tour.
On nous gaspillerait.

Mais il veut qu'en retour la femme soit fidèle,
Et que nul autre amour ne détourne son zèle.
Que son époux toujours embrassant son enfant,
Le baise en se disant je reconnais mon sang.
A ce joug condamnée aisément je m'incline,
Promettant par serment d'en suivre la doctrine.
Mais on vient près de moi. Qui peut venir ici ?

Mlle MICHOUDET.

Vous ne m'attendez pas, cependant me voici.
Pourquoi sans un permis sortir de votre chambre ?
Rôdant dans la maison ; que cherchez-vous à prendre ?
Je me suis donc méprise en fermant ce matin,
Où l'on s'est introduit pour vous donner la main.
Voyons si vos larcins sont mis dans votre poche.
Visitons la beauté que l'on dit sans reproche.

Mlle ANNETTE OUDARD.

Arrière ! Oserais-tu t'approcher près de moi ?
Ne vois-tu pas ma main prête à tomber sur toi ?
Je ris de tes transports autant que de ta haine,
Et de tous vos projets je ne suis pas en peine.
Je me suis préparée à tous vos attentats,
Et me suis enhardie à ne vous craindre pas.

Mlle MICHOUDET.

Sans préambule aucun, regagnez votre chambre :
Sachez que de longtemps vous n'en pourrez descendre.
Allez, devancez-moi, votre clef dans la main.
Je marche par derrière et suis votre chemin.
Du pain noir et de l'eau vous rendront plus docile,
Ce spécifique est bon pour rafraîchir la bile.

FIN DU DEUXIÈME ACTE.

4

ACTE TROISIÈME

Scène I.

M. BOBINET. — M. DESMAILLONS. — Mme DESMAILLONS.

Le théâtre représente le salon de M. Desmaillons.

M. BOBINET.

Voyons, pourquoi sans but et même sans raison,
Raccourcir le travail, amoindrir la maison ?
Si nous ne gagnons pas, je ne vois point de pertes,
Et devons-nous cesser pour les moindres alertes ?

M. DESMAILLONS.

Mais pour continuer, voyez autour de nous,
Combien peu du négoce ont évité les coups.
A quel point l'Amérique a propagé les ruines,
Et le nombre effrayant qu'elle a fait de victimes ;
Sommes-nous assurés de n'être pas atteints ?
Tenons-nous notre argent tout compté dans les mains ?
Mais que surgira-t-il de cette guerre impie ?
Toujours en action et jamais assoupie.
Scindera-t-on en deux ce vaste et beau pays ?
L'un des belligérants va-t-il être conquis ?
Le Nord, depuis longtemps, jeune, est dans les alarmes,
Priant Dieu d'assurer le succès de ses armes.
Le Sud en fait autant, prie et l'invoque aussi,
Sans témoigner encor qu'il ait bien réussi.
Qu'aurait fait Salomon, en semblable occurence ?
Sur qui seraient tombés les poids de sa balance ?

Il aurait dit au Sud : Vous êtes l'agresseur.
L'Union, si parfaite, elle vous fait horreur ;
Votre prospérité vous vient de l'esclavage,
Et tous ces flots de sang ne sont que votre ouvrage.
Arrêtez vos combats, rentrez dans l'Union ;
Cimentez à jamais l'œuvre de Washington.

M. BOBINET.

Et que me fait à moi, soit la paix ou la guerre,
Mon intérêt est tout, je n'en fais pas mystère.
Si la soie hausse encor, le labeur est à rien.
Que cherche un homme adroit ? c'est d'arrondir son bien.
La façon de vingt sous n'en vaut pas plus de quatre.
Encor pour en avoir on est prêt à se battre.
L'ouvrier est sans pain, c'est le meilleur moment,
De faire travailler, de gagner de l'argent.
Vous devez m'approuver.

M. DESMAILLONS.

Tout pour l'un, rien pour l'autre,
Est chose indélicate et ce sera la vôtre.
Le travail à présent est descendu trop bas,
Et voilà ce qui fait que je n'approuve pas.
Voyez le laboureur, quand survient l'abondance,
Que le prix trop réduit le met dans la souffrance.
L'Etat vient à son aide empêchant d'importer.
De son fermage alors on le voit s'acquitter ;
Eh bien ! l'Etat c'est vous dans la rubannerie.
Pour vivre, l'artisan n'a que son industrie.
Comment donnera-t-il du pain à ses enfants,
Ayant perdu trois quarts du prix de ses rubans ?
Qui paiera son loyer, ses hardes, sa chaussure ?
S'il ne suffit pas même aux frais de nourriture.

Bien des négociants ont été ses égaux,
Ont vécu comme lui, fait les mêmes travaux.
Il voudrait voir en eux un peu moins d'égoïsme,
Et du vrai citoyen, les vertus, le civisme.
Si vous aviez perdu chez les Américains,
On pourrait excuser vos projets incertains.
Mais quand on ne perd pas dans les temps où nous sommes,
On peut se niveler avec les plus grands hommes.
A votre gain chanceux je ne puis procéder.
Je le trouve illicite et n'y puis accéder.
J'en aurais des remords ; bientôt ma conscience
Me les ferait sentir avec plus d'assurance.
Contentez vos désirs.

M. BOBINET.

Très-bien, soit, j'essayerai ;
Mais quant à des remords, jamais je n'en aurai ;
Je méprise un peu trop cette engeance ouvrière,
Qui, pour vous rançonner, n'est jamais la dernière.
L'ouvrage survient-il, le veut-on promptement,
Il faut de la façon doubler le prix courant.
Je n'ai pas oublié ces tristes jours néfastes,
Que la rubannerie inscrivit dans ses fastes.
Quand des perturbateurs s'arrogeant tous les droits,
Forçaient tous leurs égaux d'imiter leurs exploits,
Que l'honnête ouvrier arrêtait sa journée,
Souvent n'étant encor qu'aux deux tiers terminée,
Refusant de gagner la vie à son enfant,
Et se croisant les bras par un soleil brillant ;
Préférant de chômer qu'être mis à l'amende,
Aller des désœuvrés grossir encor la bande,
Voir ses vitres tomber, rejaillir en éclats,
Et ses métiers brisés souvent mis hors d'état.

Ainsi des intrigants, se croyant des habiles,
Otaient la liberté des ouvriers tranquilles,
S'en allaient comprimer des gens plus faibles qu'eux
Et porter la commande à tous nos envieux.

M. DESMAILLONS.

Il fallait que ces gens soient mus par la démence,
Aient perdu tout esprit et toute intelligence
En voulant pour eux seuls la liberté d'autrui,
Laissant tous leurs égaux sans pain à la merci.

M. BOBINET.

Madame, on fait courir de faux bruits sur mon compte,
Qui, s'ils étaient fondés, me couvriraient de honte.
Il se dit que sans vous j'aurais déjà failli,
Et que votre nom seul est encor accueilli ;
Que je suis à l'affût de la moindre ouvrière,
En fait le passe-temps de ma journée entière.
C'est une indignité que ces faits malveillants.

Mᵐᵉ DESMAILLONS.

Nous n'avons rien ouï dire à tous ces bruits d'enfants.
Si l'on médit de vous, vous y donnez bien prise,
Car a-t-on jamais vu quelqu'un à tête grise
Se donner les grands airs d'un jeune homme amoureux,
Quand il lui faut pour lire une lunette aux yeux ?
Il ne vous suffit pas d'une beauté sur l'âge,
Pour garder la maison, gouverner le ménage.
Il vous faut arracher, à votre débiteur,
L'enfant qu'il chérissait, qui faisait son bonheur ;
Mais qu'en avez-vous fait de cette aimable fille ?
Pourquoi l'avoir ainsi soustrait à sa famille ?
Est-ce pour la tenir enfermée au verrou ?
Ce nouveau procédé serait digne de vous ;

Vous la ferez garder par votre concubine,
Vous aurez sous la main toujours une victime.
Ah ! que c'est dégoûtant....

M. BOBINET.

Arrêtons l'entretien.
Votre bouche a fini d'exhaler son venin.
Hé bien ! oui ; cette fille, elle est encor la même,
Malgré tous mes transports et tout mon stratagème.
Mes moyens jusqu'ici sont restés sans effet ;
Mais au déclin du jour je serai satisfait.
Vous, madame, attendons quelques moments propices,
Et peut-être aurez-vous besoin de mon service.

Il sort.

M. DESMAILLONS.

Hélas ! toujours la même en ton emportement.

UNE OURDISSEUSE.

A Monsieur Desmaillons, on demande un moment.

M. Desmaillons en ouvrant la porte trouve M. Roquetin sur le seuil et rentre avec lui.

Scène II.

M. DESMAILLONS. — Mme DESMAILLONS. — M. ROQUETIN. — M. OUDARD.

M. ROQUETIN.

Je viens vous divulguer une bien sale affaire,
Nous obligeant encor, au secret, au mystère ;
Avez-vous révisé tous vos comptes épars ?
Depuis trois ans inclus, à l'époque de mars,
Vous avez dû trouver des sommes usurpées
Par des additions évidemment tronquées.

Vous pouvez m'en vouloir, je suis coupable ici ;
Mais il fallait me taire étant à sa merci ;
Je me compromettais, pouvais perdre ma place.
Je le brave à présent, craignant peu sa disgrâce
Et viens vous dévoiler ses monstrueux larcins,
Dont j'ai les bordereaux réunis dans mes mains.
Ils vous démontreront toutes ses fourberies,
Votre argent extorqué par ses filouteries ;
Le total en est bien de trente mille francs.

M. DESMAILLONS.

Je reste stupéfait d'un pareil guet-apens.

Mme DESMAILLONS.

Je t'avais toujours dit qu'il était un infâme,
Un homme à toute main, sans honneur et sans âme ;
Débrouille si tu peux ce dédale important,
Ce larcin t'apprendra d'être moins négligent ;
Oh ! le vieux scélérat, qu'on en purge la terre.
Je verrais sans pitié tomber sa tête altière.

M. DESMAILLONS.

Arrête-toi, ma femme, on ne peut travailler.
Pour pouvoir nous instruire, il te faut surveiller.
Roquetin peut avoir autre chose en réserve ;
De tant gesticuler, vois combien tu t'énerve.
Achevez, Roquetin.

M. ROQUETIN.

    Vous ne savez pas tout :
Quatre effets contrefaits et nous serons au bout ;
Ils vous démontreront qu'en achetant la soie,
On en tierçait le prix, allongeant la courroie.

Ces billets font en tout deux cent dix mille francs ;
Il en a pris le tiers qu'il vous doit à présent ;
Ajoutez trente mille à cette même somme,
C'est bien cent mille francs volés par ce digne homme ;
Il ne dira pas non, j'ai les duplicata,
Reçus de la maison Turcoin *et cætera*.
Occupons–nous d'Oudard ; il vient à votre suite :
Depuis qu'il ne boit plus, il n'est pas sans mérite.
Dégageons sa maison des mains de ce voleur,
Et pour finir ses maux, sortons-lui sa douleur ;
Dix mille francs au moins pour le rapt de sa fille,
Y compris la maison feront cinquante mille.
Je suis seul à nantir, que faut-il demander ?
Et n'ayant rien fourni, que puis-je liquider ?
Ne précipitons rien, laissons ce qui me touche.
Peut-être l'eau pourra m'en venir à la bouche,
Et je crois la sentir.

M. OUDARD, entrant précipitamment.

J'accours pour vous conter,
Que les voleurs de soie on les vient d'arrêter ;
Que des groupes nombreux placés sur leurs passages
Sont désireux de voir quels seront leurs visages ;
Mais je sais de quelqu'un qu'ils pourront se lasser,
Qu'on attendra la nuit pour s'en débarrasser,
Ne voulant pas, dit-on, nuire à leur modestie
Pour un faible retard, pour une minutie.

M. ROQUETIN.

Tout sourit à nos vœux et va s'agrandissant ;
Bobinet, avec nous, ne sera qu'un enfant.
Je pourrai dévoiler toutes ses turpitudes
S'il ne se soumet pas à nos coups les plus rudes.

Le montrer de Flottons le grand accapareur,
Et de tous ses clients le plus adroit voleur ;
J'ai su me réserver sa dernière quittance
Qui pourra démontrer toute sa connivence.

M. DESMAILLONS.

Unissons nos efforts, ne fléchissons en rien.
Ecrasons cet escroc, reprenons notre bien.

M. ROQUETIN.

De ce pas, à présent, je vais à l'ourdissage
Débarrasser Annette et lui donner le large ;
Il me faudra peut-être employer la rigueur.
De vaincre Bobinet ce n'est pas un honneur,
Et je préférerais trouver la place vide
Que de me voir contraint à faire un homicide.
Mais pourquoi discourir quand je devrais marcher ;
Des mains de ce fripon il me faut l'arracher.

MM. Oudard et Roquetin sortent.

Mme DESMAILLONS.

Notre fortune enfin s'est améliorée ;
Désormais il ne faut qu'assurer sa durée
Et bientôt nous pourrons agir plus grandement
Et fêter nos amis un peu plus dignement ;
Vraiment il me tardait de sortir de l'épargne,
D'aller dans les beaux jours souvent à la campagne,
Savourer de nos fleurs le parfum enivrant,
Courir et folâtrer, redevenir enfant.
Cueillir à mon retour, des roses la plus belle,
La placer sur mon sein, m'embaumer avec elle.
De tous ces vrais bonheurs j'ai le pressentiment
Seulement je voudrais en jouir à présent.

Oh ! qu'avec grand plaisir j'entrevois cette aurore,
Cet heureux avenir.

M. DESMAILLONS.

Que tu n'as pas encore,
Car nous avons à faire à plus fripon que nous.

Mme DESMAILLONS.

Oui, mais nous saurons bien éviter tous ses coups.
Ses faux sont évidents et sa fourbe est si nette.
Mais on entend monter, je crois...

M. DESMAILLONS.
Oui.

Mme DESMAILLONS.
C'est Annette.

Scène III.

M. DESMAILLONS. — Mme DESMAILLONS. — Mlle ANNETTE
OUDARD. — M. OUDARD. — M. ROQUETIN.

Mme DESMAILLONS.

Approchez-vous de nous et venez dans mes bras,
Nous oublierons vos maux et tous vos embarras.
Ainsi sans vos efforts, votre persévérance,
Le vice triomphait et la concupiscence.
Comment avez-vous fait pour sortir de ses lacs ?
Et cacher votre fuite à ce vieux scélérat ?
Mais pendant tout ce temps que faisait sa mégère ?
Que votre liberté vous restait tout entière ;
Contez-nous tout cela, réjouissez nos cœurs,

Nous qui participons, aimons tous vos bonheurs.
Il doit être confus.

Mlle ANNETTE OUDARD.

Je ne sais, dans les larmes
Je n'ai pas vu la fin de toutes ces alarmes,
Et quelqu'un sans tarder parlera mieux que moi,
Tant j'étais abattue et de crainte et d'effroi.
Ah ! la triste journée, enfin, voici mon père.

M. OUDARD.

Embrasse-moi, ma fille, oublions ta misère,
Et plus qu'en aucun temps espérons des beaux jours,
Dont rien à l'avenir ne ternira le cours.
Mes vœux sont satisfaits puisque tu m'es rendue,
Et la justice aussi dès longtemps qui t'est due.
Ah ! que je suis heureux te pressant sur mon sein.
Nous le devons sans doute,

Mlle ANNETTE OUDARD.

A Monsieur Roquetin.

Entendez-le parler.

M. ROQUETIN.

Je venais de descendre,
Cherchant la Michoudet, ne sachant où la prendre,
Quand bientôt de grands cris parvinrent jusqu'à moi.
Ils étaient redoublés, me semblaient pleins d'effroi.
D'un bond tout aussitôt je volai vers la porte,
Que j'ouvris sans efforts et laissai de la sorte.
Là, gisait étendue, à travers le plancher,
Annette, dont le sang ne pouvait s'étancher.

Je le laissai couler, pensant à me défendre,
Quand déjà Bobinet me criait de me rendre.
Il m'avait asséné son bâton sur les reins,
Tandis que Michoudet me frappait des deux mains.
Tel, le bœuf au sillon tirant son attelage,
Quand il sent l'aiguillon, redouble son courage.
Tel aussi, je courus soudain sur Bobinet,
En m'armant à la hâte avec un tabouret.
Je lui porte à mon tour un bon coup sur la tête,
Il plie et du combat me laissa la conquête ;
Je me tourne, et d'un saut prenant la Michoudet,
Comme aux enfants j'allais fustiger son bidet.
Mais d'Annette je vis un branlement de tête.
J'obéis, en changeant tout l'ordre de ma fête,
Et je me contentai d'un vigoureux soufflet,
L'asseyant à côté de son cher Bobinet.
Le sang ne coulait plus, et déjà mon Annette,
De tous mes longs travaux paraisssit satisfaite.
Je jugeai très-prudent, pour finir ce beau tour,
D'enfermer Bobinet, entouré de l'amour.
Voici la clef.

                    Mᵐᵉ DESMAILLONS.

            Ah ! ah ! la farce est bien jouée.
Sa marche descendante est des mieux dénouée ;
Oui, mais que ferez-vous de vos deux prisonniers ?
Ils vont tout remuer, déchirer leurs gosiers,
Et toute la maison connaîtra l'aventure.
Chacun vous taxera de crime ou d'imposture.
Qu'en dis-tu Desmaillons ?

                    M. DESMAILLONS.

                    Pourquoi s'épouvanter ?
Je dis que l'on ferait beaucoup mieux de chanter.

A peine tenez-vous vos oiseaux dans la cage,
Qu'aussitôt vous pensez à leur donner le large.
Laissez-les consoler, retrouver la raison,
Bobinet esquisser l'écu de son blason.
Car il m'a toujours dit, durant notre alliance,
Qu'il voulait s'ennoblir quelqu'en fût sa distance ;
Il ne rêvait alors que laquais et chevaux.
Il voulait, disait-il, avoir les tout plus beaux.
C'est vraiment singulier quand on voit la manie,
Qu'ont les gens enrichis, de quelque baronnie.
Des parvenus d'un jour, et qui, hier, n'étaient rien,
Ne peuvent plus dormir s'ils n'ont un parchemin.
De leur pauvre origine ils n'ont plus souvenance,
Ni des maigres dîners que faisaient leur enfance.
Ils nient de leurs aïeux le sang tout plébéien,
Croient pouvoir l'épurer de leur or clandestin.
Ils ne sont engoués que d'antiques noblesses,
De ce vieil oripeau de nos vieilles faiblesses,
De ces temps où nos preux guerroyaient au Jourdain,
Contre les fiers soldats du sultan Saladin,
Que le trésor à sec pour payer la vaillance,
D'un titre de noblesse en soldait la quittance.
Alors pour de l'honneur on donnait de son sang.
A présent on en veut en donnant de l'argent.
Aussi se pare-t-on du nom de son village,
Et l'on se croit de suite un très-grand personnage.
Comme si la noblesse existait dans nos mœurs,
Et n'était extirpée, abolie en nos cœurs,
Comme une iniquité d'orgueilleuse nature,
Ne servant très-souvent qu'à cacher l'imposture.
N'est-on pas bien plus noble à servir son prochain ?
Et, s'il est malheureux, à lui donner la main.
A quoi sert pour cela d'être marquis ou comte,

Si de l'humanité souvent on est la honte.
Quand du même limon Dieu fit le genre humain,
Il ne désigna pas le noble ou le vilain.
Ce fut l'égalité qu'il nous donna pour gage,
Puis vint la liberté qui compléta l'ouvrage.

UNE OURDISSEUSE.

La porte est en éclats ; à grands coups de marteaux,
Tous deux sont parvenus à la mettre en lambeaux.
Monsieur Bobinet vient.

M. DESMAILLONS.

Soit, je l'attends, qu'il vienne.
Que puis-je désirer de mieux qui me convienne ?
Sortez tous, et vous seul, Oudard, il faut rester.

Scène IV.

M. BOBINET. — M. DESMAILLONS. — M. OUDARD. —
Mlle MICHOUDET. — M. RAVAGEOT.

M. BOBINET.

Ah ! je vous trouve enfin, et nous allons compter.
Tous deux mes débiteurs, je saurai vous conduire.
Vous n'aurez bientôt plus le pouvoir de me nuire.
Quant à vous, maître Oudard, la prison vous attend ;
Je conçois le chagrin, le dépit qui vous prend ;
A vos goûts vicieux, il fallait cet asile,
Tant pour les réprimer que vous rendre docile ;
Là, jamais on ne craint la pluie ou le soleil ;
Il n'est pas défendu de doubler son sommeil ;
Sans être convié votre demeure est prête
Et le geôlier devient votre interprète.

Tous les huit jours au plus, on change le pailler,
Votre duvet est sain ainsi que l'oreiller ;
On ne s'enivre pas, vous avez votre cruche ;
Chaque jour on l'emplit, personne ne trébuche ;
A l'aise on réfléchit sur tous les temps passés,
Sur les biens que l'on a follement dépensés.
La prison vous instruit, vous mène à la sagesse,
Et vous me saurez gré de ma délicatesse.
Quant à nous, Desmaillons, depuis longtemps amis,
Nous voilà séparés et peut-être ennemis ;
Entre nos deux maisons règne l'antipathie
Qui s'est toujours accrue avec votre incurie ;
Votre femme a sur vous un empire absolu.
Le mal qui vous survient vous l'avez bien voulu ;
Il fallait vous garder de ses feintes carresses
Qu'elles emploient toujours pour être les maîtresses
Et pouvoir à leur gré gouverner la maison,
Ne s'embarrassant pas s'il existe un patron.
Aussi, dit-on partout qu'elle est galante et belle,
Qu'elle a beaucoup d'amants et n'est pas trop cruelle.
L'homme est bien malheureux en ces occasions.
Sévir n'amende pas de telles actions.
Aussi le monde en rit, aime ces aventures.
Ah ! c'est très-dangereux...

M. DESMAILLONS.

Cessez vos impostures ;
Encore un mot de plus, vous saurez si ma main
De votre affreux visage a trouvé le chemin.
Est-ce à vous, vieux coquin, d'injurier les femmes ?
En est-il qui voudraient adhérer à vos flammes ?
Leur faut-il un escroc pour cavalier servant,
Un faussaire, un voleur à beaux écus comptant ?

Ah ! le sermon d'Oudard, que vous venez de faire
Est préparé pour vous, sera son corollaire.

M. OUDARD.

Quittons ce scélérat, ce voleur éhonté,
Cet ennemi de Dieu dans son humanité ;
Laissons-lui remâcher sa honteuse infamie,
Rasséréner son cœur avec sa bonne amie.

Ils sortent.

M. BOBINET.

Le voile est arraché, me voilà confondu !
Le bien avec l'honneur, pour moi tout est perdu ;
Ils avaient tous entr'eux fomentés cette trame.
Etendus leurs filets ; c'est moi seul que je blâme ;
J'avais sans m'en douter un traître dans mon sein ;
Il fallait succomber sous le fer assassin.
Comment annihiler, arrêter leur audace ?
Et pour y parvenir que faut-il que je fasse ?
Si ces papiers tombaient un instant dans ma main,
Le bel auto-da-fé qu'ils subiraient soudain.
Je ne vois qu'un moyen, la ruse et la finesse,
Tout en se modérant, afin que rien ne blesse.
C'est cela, tentons-le, devenons un mouton,
Tout en me réservant de garder ma toison.
Voyez, j'entends quelqu'un remuer à la porte.

Mlle Michoudet va ouvrir la porte.

M. RAVAGEOT.

C'est de Monsieur Flottons le compte que j'apporte ;
L'argent est bien utile étant sous les verrous,
L'ennui fait le besoin.

M. BOBINET.

Comment ! que dites-vous ?
Serait-il arrêté ?

M. RAVAGEOT.

Sa demeure est la geôle.
Surpris au débotté l'on a craint qu'il s'envole.
La loi le réclamant, on l'a mis en lieu sûr.
Pour ses pauvres enfants c'est pénible et bien dur.

M. BOBINET.

Je vais chercher vos fonds.

Mᪿᵉ MICHOUDET.

Quelle terrible affaire,
Qui met dans le malheur une famille entière !
Et se trouver aussi dans un semblable cas.

M. BOBINET, rentrant.

Combien sont comme nous que nous ne savons pas.
On voit bien rarement un homme irréprochable,
Qui n'ait jamais faibli, soit toujours admirable ;
Que Flottons soit discret, il ne gagnerait rien
Et ma mise en prison ne ferait pas son bien.
Tout bien compté, voici le montant de ma dette.

M. RAVAGEOT.

Cela va soulager sa famille inquiète.
Il sort.

M. BOBINET.

De la soie illicite, allumez-en les feux,
Qu'elle soit consumée avant une heure ou deux ;
N'en gardons point chez nous.

5

Mᶕᵉ MICHOUDET,

C'est une belle avance.

Desmaillons a vos faux, Roquetin la quittance.
Quel dédale accablant, et comment en sortir ?
Encor, si l'on voyait un moyen d'aboutir.
Aller à Roquetin donner sa confiance,
Et travailler soi-même à sa propre indigence.
Cela surpasse tout ce que l'on a pu voir,
Et c'est pour son plaisir se mettre au désespoir ;
Non content de cela, lui prendre son amante,
L'aimer avec transports, la laisser innocente.
Oh ! quelle absurdité.

M. BOBINET.

Pourquoi récriminer ?

Occupons-nous plutôt de tout bien terminer.
Il me faut ces papiers, n'importe la manière,
Ou la mendicité nous atteint toute entière.
Voyez la Desmaillons, Oudard et Roquetin.
Soustrayez tout écrit paraphé de mon seing ;
Prenez un libre essor, vous avez carte blanche,
Je vais dans mon réduit préparer ma revanche.

Scène V.

Mᶕᵉ MICHOUDET. — Mᵐᵉ DESMAILLONS. — M. DESMAILLONS.
M. BOBINET. — M. ROQUETIN.

Mᶕᵉ MICHOUDET, seule.

Il me quitte et s'en va me laissant le fardeau ;
Toujours il fait ainsi, cela n'est pas nouveau ;
J'attends la Desmaillons, j'ai su la faire instruire,
Que j'avais quelques mots de pressants à lui dire.
Mais je l'entends venir...

Mᵐᵉ DESMAILLONS.

Que me veut-on ici ?

Mˡˡᵉ MICHOUDET.

C'est pour causer un peu, puisqu'enfin vous voici.
La femme a le défaut d'être trop curieuse,
Dit de nous Labruyère, et même un peu moqueuse.
Je crois qu'il a dit vrai, tant j'aimerais à voir
Les faux de Bobinet, son merveilleux savoir.
On dit que ses écrits sont des miniatures,
Tant il imite bien toutes les signatures.
Je n'ai pas vu cela, veuillez me les montrer
Que je puisse en moi-même au moins m'en assurer ?

Mᵐᵉ DESMAILLONS.

Je n'en puis disposer, c'est comme une relique
Que Desmaillons enfoui, sans vouloir qu'on réplique.
Ainsi, ni vous ni moi nous ne pourrons la voir.
Seulement d'en parler, le met au désespoir.

Mˡˡᵉ MICHOUDET.

Votre mari vient-il ?

Mᵐᵉ DESMAILLONS.

Roquetin à sa suite,
Désirant en finir pendant cette visite.

Mˡˡᵉ MICHOUDET.

Je le comprends d'Oudard, mais que sert Roquetin.
Veut-il avoir aussi sa part dans le butin ?
Je me sauve en courant, craignant de voir la face.
Du plus vil délateur de toute cette race,

Avertir Bobinet, qu'ici vous l'attendez,
Pour purger tous ses faux, si vous vous entendez.

Elle sort.

MM. Desmaillons et Roquetin, entrent d'un autre côté.

M. DESMAILLONS.

Bobinet te tient donc encore dans l'attente.

Mme DESMAILLONS.

Bobinet, comme Achille, est toujours sous sa tente.
Cependant le voici ; son air est abattu,
On le dirait défait sans avoir combattu.

M. BOBINET.

Parlez, voyons, Messieurs, d'où vous vient cette haine,
Que je cherche à connaître et dont je suis en peine ?
Quelques comptes sont-ils un peu trop embrouillés ?
Chacun de nous s'aidant, ils seront démêlés.
Pourquoi s'injurier, s'apprêter à se battre ?
Si l'on voit une erreur nous pouvons la combattre.
Au moins prononcez-vous.

M. DESMAILLONS.

Il faut se prononcer.
Hé bien ! voici par où nous allons commencer :
La rapine et le vol pour vous sont légitimes,
Vous voyez des erreurs où nous voyons des crimes.
Et de très-bonne foi vous faussez vos effets,
En croyant seulement les rendre plus parfaits.
On voit que d'Escobard vous suivez les maximes ;
S'il sait équivoquer, vous faites des victimes.
Et nous voulons ainsi redresser vos méfaits,
Vous faire regorger tous vos faux contrefaits.

Vous me restituerez cent mille francs de suite,
Et je m'oblige alors à cesser ma poursuite.
Pour ma mise en commerce, on le verra plus tard,
Après restitution de la maison d'Oudard.
Comme la loi défend l'enlèvement des filles,
Surtout quand elles sont aimables et gentilles,
Vous aurez à compter, presto, vingt mille francs,
A demoiselle Oudard, pour calmer ses tourments.
C'est à vous Roquetin de terminer l'affaire,
De voir avec Monsieur, comment vous voulez faire.

M. ROQUETIN.

N'ayant plus de travail, me trouvant déplacé,
Et tout mon revenu se trouvant effacé,
Je ne vois, qu'à celui qui cause cette ruine,
A réparer les torts qu'il fait à sa victime,
Et je puis sans rougir vouloir six mille francs,
Pour me rémunérer des pertes de mon temps.

M. BOBINET.

J'aimerais cent fois mieux que ma maison s'écrase,
Que de tout mon avoir on en fit table rase,
Qu'ainsi de me soumettre à semblable marché.
Non, non, mille fois non.

M. DESMAILLONS.

        Vous en serez fâché.
Nous allons tout remettre aux mains de la justice.
Vous verrez aggraver, tripler votre supplice,
Ne comptant même pas le bagne et le carcan.

M. BOBINET.

Je dis que Roquetin est un vrai pélican ;

Ne pensant en ceci qu'à se remplir la poche,
Dénonçant son patron, se croyant sans reproche,
Oubliant sa jeunesse, et mes soins assidus,
J'en suis récompensé, les voilà bien rendus ;
Celui qui dès longtemps avait ma confiance,
Devait-il m'accabler, m'écraser en silence ?
Ne pas se souvenir qu'il me doit un abri,
Et que pendant dix ans c'est moi qui l'ai nourri.
Un jour, il me survient un moment de faiblesse,
Il donne un libre cours à son âme traîtresse,
Et s'en va dénoncer un écrit clandestin,
Etant encor chez moi, mangeant le même pain.
Non, jamais on a vu si grande ignominie,
Surtout quand c'est quelqu'un qui de vous tient la vie.

M. ROQUETIN.

L'iniquité toujours s'allie au déshonneur :
Un escroc n'est jamais bien sensible à l'honneur.
Orphelin en bas âge et n'ayant qu'un vieux père,
Il fallait travailler, aider à sa misère.
C'est ce que je tentai lorsque j'entrai chez vous,
Où certes, je n'eus pas un accueil des plus doux.
Pendant plus de six ans, le grenier fut ma chambre
Et ma couche était froide aux avants de décembre.
Mais j'étais jeune alors et je pouvais souffrir.
Si dur que soit un lit il ne fait pas mourir.
Balayer le matin et courir la journée,
Résumait à peu près toute ma destinée.
La Michoudet disait que mon sort était beau :
J'étais son décroteur et son saute-ruisseau.
J'allais deux fois le jour activer mon potage,
Qu'à midi l'on flanquait d'un morceau de fromage.
L'odeur des fins morceaux venait bien jusqu'à moi,
Jamais il m'arriva d'y tremper un seul doigt.

Voilà pour le travail et pour la nourriture.
Mais Bobinet, un jour, vit de mon écriture,
Et soudain il voulut m'enseigner à compter,
M'apprendre comme on gagne à savoir filouter.
Je fis de grands progrès, j'étais à bonne école,
Si bien, qu'en peu de temps, je savais tout mon rôle.
Aussi, soir et matin venait-on réclamer.
Les gens les plus bénins voulaient se gendarmer.
Tout chacun se plaignait qu'il n'avait pas son compte,
Quand Bobinet finit par retrouver la honte.
Car de suite il changea, transforma nos travaux,
Dépouilla Desmaillons de ses gains les plus beaux.
Tout en l'invectivant, le traitant d'imbécile.
A qui le bien nuit plus qu'il ne peut être utile.
Vous ménageriez cet odieux fripon !
Non ! sa place est marquée et doit être à Toulon.
Je ne retranche rien.

M. BOBINET.

Débattez votre affaire.

Je vais chez moi.

M. DESMAILLONS.

Sans vouloir terminer.

M. BOBINET.

Que faire ?

Scène VI.

M. OUDARD. — Mlle ANNETTE OUDARD. — M. DESMAIL-
LONS. — Mme DESMAILLONS. — M. BOBINET. — Mlle MI-
CHOUDET. — M. ROQUETIN.

TROISIÈME CHŒUR D'OURDISSEUSES.

M. OUDARD.

Hé bien ! tout marche-t-il ; êtes-vous satisfaits ?
Où faut-il étaler tous ses faux contrefaits ?

M. DESMAILLONS.

Peut-être il le faudra. Dans son outrecuidance
Bobinet est encor tout plein de suffisance.
Il croit nous maîtriser.

M. ROQUETIN.

      Il faut l'épouvanter,
Redoubler nos efforts et les précipiter.
Voyez-le, Desmaillons.

M. BOBINET.

      Etes-vous plus facile,
Et vous contentez-vous d'un effet de deux mille ?
Si cela vous convient, nous allons terminer,
Ou devant la justice il faudra s'incliner.

M. OUDARD.

Soit fait, nous consentons et terminons l'affaire.

M. BOBINET.

Pour cela nous n'aurons pas besoin de notaire ;

En billets au porteur je puis me liquider,
Et je crois qu'à présent vous n'allez plus bouder.
Je vais chercher cela.

M. DESMAILLONS.

D'où lui vient cette somme ?
En ressource un fripon est toujours plus qu'un homme.

Mme DESMAILLONS.

Mon cœur bondit de joie et je ne me sens pas ;
L'avenir m'apparaît sans aucun embarras.
Que cela me va bien, je serai moins gênée,
Et pourrai mieux du pauvre aider la destinée.
Le cœur est si content quand la main marche bien,
Qu'on ne devrait jamais remettre au lendemain.
Plus rien n'empêchera d'augmenter ma toilette,
De me mirer un peu sans être trop coquette ;
Oui, mais il a fallu démasquer Bobinet.

M. BOBINET.

Voici votre montant, bien compté, clair et net.
De reçus motivés nous n'en avons que faire.
Mettre solde à ce jour est toute votre affaire.
Reconnaissez vos fonds ; chacun est satisfait.
Allons, n'en parlons plus...

Mlle ANNETTE OUDARD.

Un moment, s'il vous plaît.
Après tant de tourments provoquant ma vengeance,
Je devrais triompher, aimer votre souffrance ?
A des penchants si bas pourquoi m'abandonner ?
Je crois qu'il est plus grand de savoir pardonner,

Mlle MICHOUDET.

Que nous font vos pardons, et même votre haine ?
De notre or avili vous avez la main pleine ;
La grandeur consistait à ne pas y toucher,
Mais vous n'avez pas craint de vous en entacher.
Croyez-moi, la fortune est souvent bien changeante ;
Quand on se croit au faîte, on est à la descente ;
Et tous ces temps passés ne l'ont que trop appris ;
Tel s'est couché montagne et s'est levé souris.

Mme DESMAILLONS.

Vos soucis sont calmés et votre bourse est pleine ;
Alors il faut chanter, chanter à perdre haleine,
D'autant plus que bientôt sous les lois de l'hymen,
A demoiselle Oudard vous donnerez la main.
Des devoirs d'un époux il me faut vous instruire,
Et croyez bien, monsieur, que ce n'est pas pour rire :
Dans la maison, la femme est en tout l'ornement.
Où la beauté réside est le commandement ;
Cela ressort du droit comme de la nature :
L'homme doit s'y soumettre, et cela sans murmure ;
N'est-il pas très-heureux d'avoir à son côté,
La nuit comme le jour, une aimable beauté,
Qui contente ses feux d'un gracieux sourire,
Va même quelquefois jusqu'à vouloir le dire.
Oh ! que ne doit-il pas lui donner en retour !
Ne croyez pas suffire en donnant votre amour,
Si vous ne l'entourez de votre complaisance
Et d'une aménité pleine de bienveillance ;
Alors je vous prédis gain et prospérité,
Et d'un accord parfait toute la nouveauté.

M. ROQUETIN.

A de si grands respects je ne puis me résoudre ;
N'a-t-on pas dit toujours que l'homme était le foudre,
La femme le roseau par le vent balancé,
Le lis au pied d'argent sur sa tige élancée,
Un morceau détaché que Dieu reprit à l'homme
Pendant que sur sa couche il faisait un long somme,
Qu'il en fit sa moitié, la pétrit de sa main,
Et d'elle en fit la mère à tout le genre humain ;
Réservant au mari toute prééminence,
L'idée avec la force et toute la puissance.
En vain chercherez-vous à vous en disculper,
A la loi du Très-Haut il faut participer,
Savoir vous contenter de la seconde place.
La première appartient de tout temps à sa race.
Il vous est réservé de fournir la maison,
Préparer en leurs temps les fruits de la saison,
Instruire vos enfants, les surveiller en mère,
Réformer en son temps un bouillant caractère.
De votre époux aimé désirer le retour
Avec empressement et toujours plus d'amour,
N'avoir point de secrets et pour l'un et pour l'autre,
Constamment embellir sa vie avec la vôtre,
Voilà le seul moyen selon moi d'être heureux.
Chacun peut l'essayer...

Mᵐᵉ DESMAILLONS.

Allons donc, c'est trop vieux.
La femme d'aujourd'hui n'est plus la femme ancienne,
Et les mœurs d'autrefois n'ont rien qui lui convienne ;
Son caractère altier veut plus d'autorité.
Un mari ne lui plaît qu'avec sa liberté ;

S'il prétend la restreindre, elle en a de l'ombrage,
Ne pouvant endurer le plus faible esclavage.
L'homme la dégageant du lien paternel,
Elle n'en veut point d'autre en allant à l'autel.
En vain montrerait-il le pouvoir de sa force,
Un mot fait son appui : nous le nommons divorce.
A ces conditions, il faut vous résigner,
Abdiquer tout pouvoir, se laisser gouverner ;
Cela vous sera doux, ainsi que salutaire.
Jeune femme toujours donne le nécessaire.
Tout homme ayant goûté de ses chastes appas
Serait au désespoir de n'en regoûter pas.
Que de soucis de moins.

M. Roquetin.

Essayons, à tout prendre,
Ce que donne une main, l'autre peut le reprendre,
Et si vous entendez par son gouvernement
De choisir à son gré du fil noir ou du blanc,
A cela volontiers j'acquiesce et me résigne,
Lui laissant tout l'honneur de son pouvoir insigne.
Mais si c'est pour construire ou percer des canaux,
Voulant de la science et souvent de longs maux ;
Des Alpes, ira-t-elle entr'ouvrir les entrailles ?
Pour y faire passer le géant des batailles ?
Elle aurait plus de grâce à tricoter son bas,
Juger de sa tournure ou bien s'il n'en a pas,
Que de vouloir changer, amoindrir la nature,
Transformer en été la glace et la froidure.
Non que je veuille ôter, diminuer en rien
Les talents que le ciel épandit dans sa main,
Déverser le mépris, ternir la renommée
Due à la femme aimable et justement aimée,

Mᵐᵉ DESMAILLONS.

Je ne parviendrai pas à me faire écouter.
Alors je vous invite à présent à chanter.

TROISIÈME CHŒUR D'OURDISSEUSES.

TOUT LE CHŒUR.

Après le firmament,
De Dieu la plus grande merveille,
C'est la femme ou plutôt le diamant
Qu'il créa pour être immortelle.

UNE OURDISSEUSE, seule.

La femme est comme le soleil !
Que Dieu plaça sur nous pour féconder la terre.
Comme lui, son labeur est aussi solennel,
L'œuvre de la peupler devint son ministère.

LA MÊME OURDISSEUSE.

Est-il rien d'aussi grand que la maternité ?
Quoi de plus attrayant pour flatter une mère
Que d'étaler les fruits que son sein a portés
Qui seront l'ornement de toute sa carrière.

LA MÊME OURDISSEUSE.

Et qui sait si l'enfant qui germe dans son sein
Ne sera pas un jour l'orgueil de la patrie ;
Si déjà le destin
Ne l'a pas fait inscrire au temple du génie.

UNE AUTRE OURDISSEUSE, seule.

Craignez moins pour vos jours, et suivez de Rousseau
Le conseil salutaire.
Pour se désaltérer on veut la meilleure eau,
Pour l'enfant le bon lait est celui de sa mère.

TOUT LE CHŒUR.

Après le firmament,
De Dieu la plus grande merveille,
C'est la femme ou plutôt le diamant
Qu'il créa pour être immortelle.

UNE OURDISSEUSE.

Non, je n'aime pas l'ourdissage,
Où la vertu toujours est sujette au naufrage.
La vieille a du bonheur de n'avoir plus d'appas ;
Elle entre et peut sortir, on ne lui sourit pas.

LA MÊME OURDISSEUSE

Plaignez une pauvre novice
Dont la sagesse est la suprême loi.
Elle est belle, elle est chaste et sans malice.
Oh ! ma pauvre petite, sauve-toi !
N'as-tu pas vu ces yeux enflammés de luxure,
Et ne le vois-tu pas t'enlacer dans ses bras ;
Fuis sans rajuster ta parure.
Comme Loth en fuyant ne te retourne pas.

LA MÊME OURDISSEUSE

Mais fuir est impossible à la pauvre ourdisseuse.
Après un long chômage et n'ayant presque rien,
Elle doit succomber, se croire encore heureuse.
Ne brille-t-elle pas du jour au lendemain.

UNE AUTRE OURDISSEUSE

Qu'importe la vertu, si l'on est bien parée,
Si vos moindres désirs sont toujours satisfaits ;
S'occupe-t-on jamais d'en savoir la durée.
On jouit sans penser qu'on aura des regrets.

LA MÊME OURDISSEUSE.

Que la sagesse est pénible à porter,
Etant à l'ourdissage.
Il faudrait ne rien écouter,
Et voiler son visage.

LA MÊME OURDISSEUSE.

Quand trois lustres à peine,
Pèsent sur la beauté,
Déjà la liberté la mène
Souvent du plus mauvais côté.
Des mœurs, d'où vient la décadence,
Sinon, de la paternité.
Ah ! combien l'ourdissage a perdu d'innocence,
Qu'un bon père aurait évité.

TOUT LE CHŒUR.

Non, je n'aime pas l'ourdissage,
Où la vertu toujours est sujette au naufrage.
La vieille a du bonheur de n'avoir plus d'appas ;
Elle entre et peut sortir, on ne lui sourit pas.

UNE OURDISSEUSE.

Que fait au séducteur si la rose est fanée,
N'en a-t-il pas cueilli le parfum, la fraîcheur.
Bientôt il en est las, elle est abandonnée ;
On peut la ramasser, ce n'est plus une fleur.

LA MÊME OURDISSEUSE.

Avec le temps la beauté passe.
Mais parmi nous elle dure toujours.
Quand la vieillesse est lasse,
Il nous survient de frais amours.

LA MÊME OURDISSEUSE.

Ici, c'est le patron qui porte la couronne,
Et jamais en quenouille elle ne peut tomber.
Si sa femme est stérile et point d'enfants ne donne,
Sa maîtresse aussitôt vient tout raccommoder.

> Il n'est jamais en peine :
> Il peut toujours choisir.
> Et s'il porte une chaîne,
> C'est celle du plaisir.

TOUT LE CHŒUR.

Après le firmament,
De Dieu la plus grande merveille,
C'est la femme, ou plutôt le diamant
Qu'il créa pour être immortelle.

LÉON VUILLET,

Ancien libraire

Le port Saint-Rambert 1862.

MES ADIEUX

A LA RUE SAINT-ANDRÉ

MES ADIEUX A LA RUE SAINT-ANDRÉ

Adieu, cher Saint-André ; c'en est fait, je te quitte,
Ailleurs il faut aller chercher un autre gîte.
Qu'il m'en coûte à partir : je me trouvais si bien,
Chaque jour de bonheur avait son lendemain ;
Voulais-je du tracas entendre le murmure,
Soudain sur Saint-Louis j'avançais ma figure.
Mais bientôt, fatigué de ce bruit incessant,
Je reportais mes yeux sur le bouton naissant ;
Les tilleuls avaient pris leur robe printanière,
Le soleil à grands flots apportait sa lumière ;
La fontaine argentée, épandant sa belle eau,
Faisait de Saint-André l'un des cours le plus beau.
C'était une oasis, oasis populaire,
Où le pauvre souvent faisait très-maigre chère,
Où, son repas fini, sur la dalle endormi,
Il oubliait ses maux, sommeillant à demi.

A l'est est le Lycée, où la science entassée
Sait toujours embellir, colorer la pensée.
Là, le jeune homme apprend à devenir savant ;
Le maître est toujours cher, car il est indulgent ;
Dans les faibles loisirs de sa tâche achevée,
Il venait donner l'air à sa tête énervée,
Où prendra-t-il de l'air, son bien de tous les jours,
Si vous l'asphyxiez en lui prenant son cours ?

Si l'on passe au couchant, où le Furens s'écoule,
Le tableau plus riant, s'agrandit se déroule,
Nous montre le théâtre assis sur le couvent,
Où la vierge autrefois psalmodiait l'Avent.
C'est là que chaque jour Thalie et Melpomène
Se donnent rendez-vous pour briller sur la scène,
En montrant avec art, de nos auteurs chéris,
Les beaux traits émouvants, les chansons et les ris.
Un sentier tortueux conduit sur la montagne,
D'où l'œil plonge et s'étend sur la verte campagne.
Quand l'hiver déjà loin fait régner le printemps,
Que Philomèle chante en amoureux accents,
Sainte-Barbe aussitôt étale la parure
Qu'une main virginale a mise à sa ceinture.
D'une reine en ces lieux elle a la majesté,
Son trône est sur le roc depuis l'antiquité ;
Des Stéphanois fervents elle est la protectrice,
Comme aux temps reculés elle en fut la nourrice ;
Saint-Etienne à ses pieds l'enlace en l'embrassant,
Comme fait une mère à son plus faible enfant ;
Quoiqu'un peu délaissée à cause de son âge,
Sans plainte elle subit son nouvel entourage,
Sachant que tout prend fin dans l'ordre des destins,
Et qu'un sort tout semblable attend les capucins.

Et l'on veut nous ôter ce séjour plein de charmes !
Depuis longtemps déjà nous sommes en alarmes ;
Mais que surgira-t-il de tant d'iniqutité ?
Le lucre a-t-il le droit sur la propriété ?
Il a beau s'écrier : Utilité publique,
Que peut faire un mensonge à sa voix impudique !
Chacun sait ce qu'il veut, amasser beaucoup d'or,
Et n'importe comment s'il en peut prendre encor.

Le vol est consommé : le deux juin de soixante
Marquera dans nos murs le dol et l'épouvante ;
Des humains haut placés se sont donnés la main
Pour écraser le faible en extorquant son bien.
La compagnie a dit : Très-peu d'actionnaires
S'empressent jusqu'ici de suivre nos bannières ;
Faut-il abandonner un lucre si certain ?
Renoncer à présent à cet appas de gain ?
Non, non, lui répond-on, nous connaissons l'affaire ;
Un jury bien choisi viendra nous satisfaire ;
Nous ne le prendrons pas chez nos concitoyens,
Les bourgeois influents ne sont que des mutins ;
Nous les ferons nommer dans la cité voisine ;
Les deux tiers illettrés faisant pauvre cuisine,
Choisis pour la plupart dans les hameaux voisins,
Disciples très-fervents de nos ignorantins,
Plaçant pour les guider, nos héros à leur tête,
Du quartier Saint-André nous ferons la conquête ;
Or, tranquillisez-vous, nous serons satisfaits,
Tout s'accomplira bien et selon nos souhaits.

Le jour fixé venu, se trouvaient au prétoire
Les jurés appelés par un réquisitoire ;
C'étaient de bonnes gens, obéissants toujours,
Quand sur leurs intérêts nul n'avait de recours ;
Ne sachant distinguer, faire la différence
De la ville au village à travers leur enfance,
S'entendant beaucoup mieux à ferrer les chevaux,
A creuser des sillons, en écouler les eaux,
Qu'à venir estimer les rues de Saint-Etienne,
Etant de leurs travaux le moins qui leur convienne.

Le juge-président sur son siége est assis,
Appelant par leurs noms tous les jurés inscrits.

A tous il fait prêter le serment d'honnête homme,
De n'obéir qu'aux lois, comme on faisait à Rome,
De ne se laisser pas influencer en rien,
Et pour le mieux prouver d'en élever la main.

On s'était entendu bien avant la séance
Pour régler tous les taux des maisons par avance ;
On fixa de bons prix aux amis du pouvoir ;
La part de quelques-uns ce fut le désespoir.
Il fallait bien créer aux chefs de l'entreprise
Un avoir d'actions sans apporter de mises,
Payer des pots de vin à tous ces flibustiers,
De ces preux si fameux les dignes héritiers ;
La loi se prononçait, voulait une expertise ;
Mais les intéressés la voulant à leur guise,
En firent le semblant en nommant deux amis.
Et les expropriés se trouvèrent conquis.
Mais laissons tout cela, retournons au prétoire
Où le juge acclamait de son style oratoire
Le mortel qui devait présider les jurés,
Qu'il plaçait de son choix au plus haut des degrés,
Ami des magistrats, et dans leur accointance,
Dînant souvent chez eux en intime alliance ;
Tout était calculé pour ravir notre bien,
Chacun d'eux s'empressait d'ouvrir déjà la main.

Tel le vautour altier, de l'air a vu sa proie.
Il bondit, la saisit, la dépèce et la broie.
Tels on voit les jurés parcourir nos maisons,
Les flairer, les sentir, en bloc ou par tronçons,
Promettre aux détenteurs la loyauté suprême,
D'être juste avec eux comme serait Dieu même.
Croyez à notre honneur, nous dit leur président,
Votre argent déboursé rentrera largement ;

La loi vous le promet, ainsi que la justice.
L'indemnité est due et vous sera propice.

De jurés, d'avocats l'auditoire est rempli :
L'un parcourt son dossier, l'autre en défait un pli ;
Le chef de la cité, mêlé parmi la foule,
N'a plus qu'un seul souci, que Saint-André s'écroule.
Mais, se demande-t-on, que vient-il faire ici ?
Veut-il intimider les membres du jury ?
Une seule maison intéressait la ville,
La somme étant fixée à cent soixante mille [1] ;
Bah ! ne lui faut-il pas dénigrer les maisons,
Rabaisser leur valeur comme on fait des chiffons,
Dire qu'un vieux garçon accumule sa rente [2],
Qu'on peut bien la rogner sans peur qu'il s'en ressente.

La séance est ouverte, a dit le président,
Vous pouvez récuser deux jurés à présent.
La loi vous le permet ; c'est aux propriétaires
A voir ; nous pourvoirons par deux supplémentaires.
Récuser son semblable est par trop l'avilir,
Il en est cependant que l'on devrait salir.
Plus d'un le méritait parmi cette assemblée.
La conscience élargie est rarement troublée ;
Mais à quoi bon plaider ; le compte est résolu,
Chaque maison taxée ainsi qu'on la voulu.
Aucun des plaidoyers ne devient nécessaire.
La justice est partie on ne savait qu'en faire.

Messieurs, dit l'avocat, je me trouve enchanté.
La maison des Vuillet est de toute beauté.

[1] La maison de M. Bastide.
[2] M. Bécotte.

Bâtie élégamment, elle est vraiment coquette,
On n'a rien épargné pour orner sa toilette.
Et d'un goût si parfait, que le maître maçon
Dit que c'est son chef-d'œuvre ; il a certes raison.
Nonobstant celle-là, l'autre, sur le derrière,
A trois étages aussi donnant sur la rivière.
Toutes deux réunies donnent, en revenu,
Quatre mille trois cents, comme il est convenu ;
Mais, de plus, ajoutons à cette même somme
Quinze cents francs versés par le vieux gentilhomme
Possédant avant eux la maison Saint-André,
Pour qu'un cours élégant et de pierre encadré
Donne un aspect riant à ses maisons ternies,
Qui par ce fait heureux en furent rajeunies.
De cet argent compté depuis bien quarante ans,
Et valant aujourd'hui plus de huit mille francs.
Par son emplacement quintuplant son essence,
Dont on s'est emparé sous le vain nom d'urgence ;
Soit, vingt-sept mille francs pour l'acquisition,
Plus, vingt-cinq mille francs pour la construction,
Huit mille francs le cours, la prise d'eau comprise,
Intrinsèque valeur de toute l'entreprise.
Résumons-nous, produit : quatre mille trois cents.
Tout immeuble étant neuf est son propre garant,
Sa valeur est donc bien au moins quatre-vingts mille,
En défalquant l'impôt ; alors je suis tranquille,
Tant sur votre équité que sur mes deux clients,
Sur leur indemnité et ses équivalents.
S'élevant pour le moins au quart de la dépense,
Et sans rien préjuger j'attends votre sentence.

Déjà le président tient l'écrit clandestin,
Que l'on a machiné pour ravir notre bien.

Et de sa voix criarde, il dit à l'auditoire,
Que la somme est fixée, et sans échappatoire,
A quarante-sept mille et cinq cents francs en plus...
Ainsi s'est accompli par des jurés intrus,
Par tous nos gouvernants, par le préfet lui-même,
Du vol légalisé le honteux stratagème.

Que faire, étant ainsi dépouillé de son bien ?
Dénoncer les fripons est le meilleur moyen.
Aussitôt au journal j'allai porter ma plainte,
Prier le rédacteur de l'insérer sans crainte.
Etant, de tous les points, l'exacte vérité,
Je crois parfaitement à sa sincérité,
Me dit-il ; le préfet, de la presse est le maître,
Ce qu'on veut imprimer, sous ses yeux doit paraître.
Ainsi vous pensez bien qu'il ne permettra pas
Qu'on étale au grand jour des méfaits aussi bas.
Entre nous, disons-le, pour être un homme utile,
Il devait se borner à fabriquer la tuile.

Mais que faire à présent ? Faut-il en appeler ?
Vaut-il mieux ne rien dire et se laisser voler ?
Ce parti, selon moi, me paraît le plus sage,
Le plaideur fait toujours un triste apprentissage.
Que ce soit le Sénat ou la Cassation,
Je doute du succès de l'intervention.
Cependant, j'adhérai, m'unis à mes confrères,
Versai chez l'avoué tous les fonds nécessaires.
Espérant que la Cour établie au sommet
Annulerait un acte où le dol se permet.

Las enfin, fatigué par quatre mois d'attente,
J'envoie à l'avocat une lettre pressante.

Lui, peignant ardemment les méfaits du jury,
Ce qu'on nous a payés, ce que l'on nous a pris.
Démontrant à l'appui la maison contigüe,
Beaucoup inférieure en recette, en value,
Que l'on ose payer quatre-vingt-douze francs
Le mètre, plus qu'à nous. Honte à ce triste temps.
De pillards et d'escrocs, de cette race infâme,
Que l'on imite ici pour nous dégrader l'âme.

L'avocat Guichenot nous répond à la fin,
Qu'on nous a spoliés et ravi notre bien ;
Que l'allocation est vile et dérisoire,
Que c'est une injustice exécrable et notoire.
Qu'on nous devait au moins quatre-vingts mille francs.
Que ne les donner pas est un vrai guet-à-pens.
Devant la cour, dit-il, il faut changer de thème.
Je ne puis soutenir un semblable système :
Dire que les jurés ont forfait à l'honneur,
En vous donnant un tiers de moins que sa valeur.
Mon rôle est tout tracé : chercher si quelques vices
Ne se sont pas glissés chez des jurés novices.
Si l'on a bien suivi ce que la loi prescrit,
Sur la formation, la liste du jury,
Si la réunion, le jour de la séance,
S'est faite au même lieu déjà fixée d'avance,
Et si le jugement, la récusation,
Ont eu leur liberté sans nuire à l'action.
Voilà pour l'avocat la ligne de conduite,
Où la cour lui permet d'étaler son mérite.
Le mien a échoué, la cour a maintenu
L'arrêt qu'à Saint-Etienne on avait obtenu.

Les tribunaux alors, que servent-il en France ?
Où l'on peut vous voler avec toute assurance,

En accordant les droits d'infaillibilité
A des jurés choisis sans aucune équité.
Si l'on n'a pas trouvé quelque vice de forme,
On peut impunément prendre le bien d'un homme.
Attaqué sur la route, au moins je me défends.
Ici, de la maison un bon tiers on nous prend.
Nos biens sont nos sueurs et celles de nos pères.
Un jury peut-il donc nous créer des misères ?
Mettre plus d'un de nous à la mendicité,
Pour pouvoir embellir et parer la cité ?
Saint-Etienne, il est vrai, se transforme et s'admire.
Fallait-il nous voler pour contenter l'Empire ?
Enfler le portefeuille à quelques intrigants,
Dignes valets du Corse et ses plus chers enfants.
Voyez nos devanciers cédant aux voies ferrées
L'un, tout son sol ingrat, et l'autre ses vallées.
Ils sont tous deux contents, chacun est satisfait,
Aucun d'eux ne voudrait que cela ne soit fait.
Et nos accapareurs, dans leur outrecuidance,
N'ont que trop écorné les poids de la balance.
Et ne nous donnant pas, frères déshérités,
Le prix de nos acquêts, ce qu'ils nous ont coûtés.
C'est une iniquité indigne, abominable,
Et dont jamais peut-être on a vu la semblable ;
Car, pouvait-on penser qu'en nous dépossédant
On n'accorderait pas le même équivalent.
Il fallait être mû par esprit de vengeance,
Donner beaucoup aux uns, aux autres l'indigence.
Que ferait-on de plus dans un pays conquis ?
Sinon de lapider le comte ou le marquis.
Un empire extorqué n'a pas longue durée,
C'est comme un fruit véreux de couleur empourprée ;

On le porte à sa bouche en le croyant très-sain,
Quand un gros ver pourri vous tombe dans la main.
Vieux soldat de Wagram, j'ai vu plus d'un orage,
Je vois sur mes vieux jours voler mon héritage.
Anathème sur vous, ravisseurs éhontés ;
Comme nous dans vos biens soyez persécutés.
La loi du talion pour le vol est justice,
Craignez que contre vous un jour elle sévice.
Mais, quant au droit de mort, il n'appartient qu'à Dieu,
Il se l'est réservé, dans son temps, dans son lieu.
L'homme en l'exécutant dépasse sa puissance,
Et des mœurs d'autrefois nous rappelle l'enfance.

LÉON VUILLET.

Le port Saint-Rambert 1862.

Les sieurs Vuillet frères ont obtenu en l'année 1851, en trois fois différentes, de la mairie de Saint-Etienne, les autorisations qu'ils ont demandées pour la construction du bâtiment qu'ils ont élevé à trois étages, situé rue Saint-André, 16, dont le revenu de location était de 4,300 francs.

POLIGNY

POLIGNY

L'homme faible est comme la ronce
emportée par le vent.

MOI.

Salut ! ô Poligny ! berceau de mon enfance.
Que j'aime à rappeler ta douce souvenance,
Ces beaux jours enfantins bien trop vite écoulés,
Toujours si radieux et jamais oubliés,
Que Dieu donne aux humains pour charmer la vieillesse,
Pour rajeunir la vie et chasser la tristesse.

Au pied du mont Jura, près des confins de France,
Il est une cité de modeste apparence
Qu'habitaient autrefois les princes bourguignons,
Quand le printemps avait chassé les aquilons ;
Ils aimaient ses bons vins parfumés d'ambroisie,
Ses bois majestueux, ses vallons, sa prairie,
Ses hauts monts entourés d'agréables sentiers,
Où croissent à la fois la vigne et les rosiers,
Où les pas ralentis aux doux sons des fontaines,
Vous font errer sans but, l'œil au loin dans les plaines,

Vous frayant des chemins où les prêtres gaulois
Du culte de leurs dieux venaient donner les lois;
Non loin se voient encor ses vieux débris antiques,
Son vieux chemin pavé, ses vieilles mosaïques,
Ses hermés fabuleux des païens révérés,
Qui depuis deux mille ans sont encore admirés,
Indiquaient aux passants l'abord d'un précipice
Et priaient Apollon de le rendre propice.

C'est au sein de ces monts, creusés par les Romains,
Qu'on pouvait pénétrer chez les Helvétiens;
C'est par ces durs sentiers que passaient leurs cohortes,
Quand des fiers Séquanois ils brisèrent les portes,
Apportant en retour à ces peuples sans fard
L'industrie et les lois, les sciences, les arts.
Alors, cette cité fut bientôt de l'empire
Le séjour enchanté, le plus beau point de mire,
Où résidait souvent le grand préteur romain
Et même qu'habita l'empereur Antonin,
Quand pour se délasser des soins de sa couronne
Il venait respirer les parfums de Pomone,
Aimant surtout errer sous ces arbres fleuris,
Sous les beaux fruits dorés que l'automne a mûris,
Quand la moutaine a fait sa course matinale,
Que le soleil étend sa ligne horizontale,
Que la rose a repris sa robe du matin,
Quand l'air est embaumé, délectable et serein.

Nulle part il n'était de cité plus riante,
De sites ombragés de couleur verdoyante.
Au nord, de hauts coteaux que le pampre embellit
Et l'Orin au couchant resserré dans son lit,
Moulant ses blanches eaux à travers les campagnes.
A l'est et au midi les plus hautes montagnes,

Où plus bas s'élevait le château de Grimon,
Que tenait embrassé la cité de renom.
Un peu plus au couchant, côte à côte à l'Orine,
On voyait le palais de couleur purpurine.
Alors tout ce qu'à l'œil on offrait de plus beau
S'effaçait à l'aspect de ce brillant château ;
Ces donjons élevés étalaient le porphyre,
Les cristaux émaillés, les marbres de Palmyre,
Des bustes élancés nous montrant les saisons,
Et Cérès demi-nue activant les moissons ;
Une eau tiède, embaumée, entrant dans des chambrettes,
Versait dans des bains d'or ses eaux claires et nettes
Et par bonds s'élançait à travers le jardin,
Adoucissait encor les fleurs en son chemin.

Mais les temps ont marché : Rome en sa décadence
A perdu son prestige, a perdu sa puissance ;
Les peuples désunis se sont unis entr'eux,
Soit pour la saccager, soit pour briser ses dieux.
Les nobles Séquanois ont délié la chaîne.
Pour eux la liberté devient la souveraine ;
Mais déjà c'en est fait, Rome en est aux abois ;
Les faux dieux sont détruits, remplacés par la croix.
Peuples ! préparez-vous, une autre ère commence,
De paix et de bonheur, de pardon, de clémence :
Le Christ a proclamé l'égalité pour tous ;
Le dernier m'est autant que le premier de vous,
A-t-il dit. Aussitôt le peuple, à ces paroles,
A brisé ses faux dieux, renversé ses idoles,
Honteux de les avoir si longtemps encensés,
S'est montré satisfait de les avoir brisés.

L'église est au sommet ; abbaye, monastère,
Comme un présent de Dieu sortent de dessous terre ;

7

Le riche pour s'absoudre a donné tout son or,
Le pauvre, ses sueurs, son unique trésor,
Et d'un pas assuré l'église militante,
Aux peuples éblouis, se montrait triomphante,
Quand des bruits alarmants ont répandu l'effroi.
On se dit qu'Attila, des Huns ce mauvais roi,
Ce fléau destructeur, a franchi les frontières,
Que la peste a suivi ses hordes meurtrières,
Qu'il a pu pénétrer dans les murs bisontins
Et détruit par le feu ce qu'épargnaient ses mains.

Soudain les Polignois, aux pieds du sanctuaire,
A Dieu vont demander assistance et lumière ;
Mais déjà d'Atilla, les farouches guerriers,
Aux remparts assemblés, agitent les leviers ;
En vain les habitants défendent la patrie
Comme ses lionceaux la lionne en furie.
Au nombre il faut céder. Epargnez-moi de dire
Tout le sang que versa cette horde en délire.
Ses murs encor fumants furent les seuls témoins
De l'ignoble départ de ces monstres humains,
Qui laissaient en retour, pour un si grand carnage,
Des fléaux réunis le funeste assemblage.

Dès lors, en conduisant les siècles par la main,
Le temps sans s'arrêter suit ce sanglant chemin.
La mort de son linceul recouvre son domaine.
Le doux chant des oiseaux, hélas ! s'entend à peine.
Le laboureur en fuite a quitté ses guérets,
La peste du soleil a terni les reflets.
Les arbres desséchés ne donnent plus d'ombrage,
Les troupeaux vont plus loin chercher leur pâturage.
L'amante ne vient plus folâtrer sous l'ormeau.
Ah ! laissez-la pleurer son amant au tombeau !

Tel on voit un mortel, qui, sortant du délire,
De ses sens abattus a recouvré l'empire.
Telle on voit la cité reprenant son essor,
Oubliant son sommeil pour être belle encor.
Trois siècles écoulés sont passés sur sa tête :
Ses maux sont oubliés, la voilà qui s'apprête
A fêter son sauveur, Richard de Rosillon,
Le modèle des grands, des sages le renom.
Le noble et digne enfant de Grimilde et Leuthaire,
Qu'affectionna toujours Louis-le-Débonnaire,
Qui sut par sa valeur obtenir de Pépin
De conduire sa fille à l'autel de l'hymen.

Mais pendant que Gérard reconstruit et répare
Les excès inouïs de ce peuple barbare,
Il apprend qu'un grand pacte, en secret formulé,
Entre deux rois unis s'est enfin dévoilé,
Que Charles et Louis [1] n'en font plus un mystère,
Qu'ils vont s'approprier les Etats de Lothaire.
Soudain, sans hésiter, et la rougeur au front,
Gérard sent que pour lui ce serait un affront
De laisser dérober un si bel héritage,
Sans l'avoir défendu par son noble courage.
Il part et va chercher tous les nobles guerriers
Qui doivent avec lui partager ses lauriers.
Grimon est restauré. La cité qu'il domine,
De Charles peut braver la fureur intestine.

Mais tout est en émoi, déjà les éclaireurs
Distinguent l'ennemi, voient ses avant-coureurs.
On n'en peut plus douter, demain après l'aurore,
L'écho silencieux rendra sa voix sonore.

[1] Charles-le-Chauve et Louis Ier, roi de Germanie.

Charles, sous nos remparts, déploira ses soldats,
Voudra forcer nos murs, trouvera le trépas ;
Mais Charles, plus rusé, rassemble ses cohortes.
Il feint de la cité de menacer les portes.
De l'échelle il monta le premier échelon,
Et bientôt disparut, fonder Château-Chalon,
Elever un château de Grimon tout semblable
Pour tenir en suspens son rival redoutable,
Pour piller ses vassaux, détruire sa moisson,
Le forcer en un mot de sortir de Grimon.

De ses nobles guerriers, Gérard a pris l'élite,
Sur les monts escarpés bientôt se précipite.
Et tel on voit le lierre à la ronce attaché,
Tel à suivre Gérard, Charles est alléché.
De nuit il a quitté les rives de la Ceille,
Parcourant le Jura ; quand l'aube se réveille,
Infatigable en tout, il marche le premier,
Découvre l'ennemi non loin de Pontarlier,
Excite ses guerriers et fond dans la mêlée,
Qui plie et se détend bientôt éparpillée.
On montre entre le Doubs et le faible Drugeon,
L'endroit où succomba Richard de Rosillon.

Depuis ce jour fatal au roi de Germanie,
La cité fut dès lors aussitôt réunie.
Le Germain sous le joug plia les citadins
En arrachant le fer de leurs vaillantes mains.
Le peuple retomba bientôt en esclavage,
Des ilotes romains nous redonnant l'image.
Obligé de souscrire aux moindres volontés,
Des comtes et barons d'autant plus redoutés,
Que devant leurs châteaux, sur une haute éminence,
La force sur le droit prélevait la potence.

Comme ses devanciers, Othon, avant sa fin,
Pour mériter le ciel, crut trouver le chemin
En fondant un couvent au sein de la vallée,
Où Vaux laisse entrevoir sa prairie émaillée,
Ses vergers si riants, d'un si frais coloris,
Où viennent s'abriter et les jeux et les ris,
Où l'Orine argentée entourant le feuillage,
Enlace en ses replis vingt maisons du village.
C'est entre deux rochers, éloignés des mondains,
Qu'Othon a préparé cet asile aux chrétiens.
C'est dans cet oasis qu'on voit le monastère
Où le prêtre a fait vœu d'oublier cette terre,
Vœu souvent éludé, rarement satisfait,
Que l'on fait aujourd'hui, que demain on défait.

Ainsi cette cité, sentinelle avancée,
A des maîtres nouveaux, toujours est fiancée :
Aujourd'hui du Germain elle essuie les rigueurs,
Demain de l'Espagnol elle a pris les couleurs,
Et souvent le Français la voit comme une proie
Bien facile à saisir et soudain se l'octroie.
Mais le peuple à souffrir serait-il condamné ?
A des maîtres altiers toujours abandonné ?
Mais le faible toujours sera-t-il le jouet
Du seigneur éhonté toujours armé du fouet ?
Faut-il que des cités ou bien une province
Ne servent qu'à doter le rejeton d'un prince ?
Et que comme un troupeau, le jour de son hymen,
Le peuple soit inscrit comme serf ou vilain ?

Aussi les Polignois, dès le siècle treizième,
Avaient acquis d'Othon la liberté suprême,
D'une charte octroyée et signée en son nom,
Que scella pour plus sûr Odes de Besançon [1],

[1] Odes, archevêque de Besançon.

Exemptant à jamais, de tailles et main-mortes
Redevances en plein, redevances en sortes,
Tous les bourgeois séants toujours en la cité
Comme un gage d'amour et de fidélité.

Philippe [1], successeur d'Othon-le-Magnanime,
Ne marque son début que pour commettre un crime :
Molai, seigneur comtois, des Templiers le maître,
Est accusé par lui d'infidèle et de traître,
Et pour ce transféré dans un cachot malsain,
Où la mort à longs traits s'étreignait dans son sein.
Les supplices affreux, l'inhumaine torture,
Ne purent un instant affaiblir sa nature ;
Il fut grand jusqu'au bout, jusque sur le brasier,
Et voulut en mourant Philippe Couvier,
A paraître en trois mois au tribunal suprême
Pour recevoir de Dieu son arrêt d'anathème.
Mais, à peine ce temps était-il écoulé
Qu'au monarque des cieux Philippe avait parlé.

Sous le ciel azuré qui brille en Picardie
Vivait dans la retraite une fille à Corbie,
Qui ne mettait qu'en Dieu sa gloire et son bonheur,
Tant Colette admirait ses bienfaits, sa grandeur ;
Dès ses plus jeunes ans, elle était le modèle
De tout ce qu'au Très-Haut on peut offrir de zèle.
Belle, sans le savoir, son esprit vif et pur
Cherchait pour l'honorer le chemin le plus sûr,
Quand par lui tout à coup se sentant inspirée,
Dans son sein se répand une flamme éthérée,
Et de l'ordre de Claire elle a promis soudain
D'extirper les abus, l'esprit par trop mondain,

[1] Philippe-le-Bel.

S'ouvre à son directeur, qui l'approuve et l'inspire
Et lui promet l'appui de tout le saint empire.

Cinq lustres seulement ornaient son front serein
Quand de Nice aussitôt elle a pris le chemin,
S'en va trouver Benoît [1], lui peint ses doléances,
Excite ce saint pape à calmer ses souffrances.
Prompt à la rassurer, Benoît verse en son cœur
Ses suaves transports qui viennent du Seigneur.
La nomme au saint emploi d'abbesse générale
Pour enseigner du Christ la divine morale
Et raffermir la foi qui s'éteint chaque jour,
Et montrer aux mortels qu'il est un Dieu d'amour.

Colette à Frontenay, chez Blanche de Savoie,
D'une réformatrice a commencé la voie.
Mais voilà que Benoît, par un avis pressant,
Pour Besançon l'invite à partir à l'instant,
Pour plier sous sa loi les filles urbanistes,
Qui pour la posséder veulent être clairistes
Et donner plus de prix à leur sainte maison,
Par la foi de Colette et surtout par son nom.

Mais le ciel, pour fonder, avait créé la sainte ;
Aussi sans balancer, sans montrer nulle crainte,
A Rouvre elle s'en va demander le soutien
Du duc Jean de Bourgogne avec un peu de bien ;
Elle obtient de fonder un nouveau monastère,
Au sein de Poligny, de sa cité si chère.
Et bientôt, sur le flanc du château de Grimon,
Des filles du Seigneur apparaît le donjon,

[1] Benoit XIII.

L'Eden silencieux où l'âme se repose,
Plus pure en son parfum que ne serait la rose,
N'ayant qu'un seul désir, de s'unir à son Dieu,
Vivre de son amour et brûler de son feu.
Tous les plaisirs bruyants, toutes les joies du monde
Ne troublent pas la vierge en cette paix profonde ;
Un beau jour qui s'écoule, un autre qui le suit,
Au Très-Haut pas à pas doucement la conduit ;
Souvent son pied léger s'est marqué sur la terre,
Ou bientôt son beau corps ne sera que poussière.
Mais qu'importe la mort, le vrai sage a-t-il peur ?
Que lui font d'ici-bas les biens et la grandeur ?
Pourrait-il un instant douter d'une autre vie,
Quand la nature entière à croire nous convie,
Qu'un soleil bienfaisant fécondant les saisons
Roule ses flocons d'or à travers nos moissons,
Que la terre en été dépouillant sa parure
Nous verse son tribut souvent avec usure,
Et que dans sa bonté le père des mortels
A dans l'immensité fait briller ses autels.
Tout démontre du Ciel l'ineffable présage
Où doit se terminer ce fatigant voyage,
Quand l'âme de la fange a rompu les liens,
S'élançant à travers les flots aériens.

Mais voilà qu'apparaît Charles-le-Téméraire,
Du trop fameux Louis le fougueux adversaire :
La gloire l'aiguillonne, il lui faut des combats.
Bientôt tout son pays regorge de soldats ;
Il a pour les payer tout l'or du mont Auxelle,
Qui souvent fait défaut, qui souvent est rebelle.
Quand ses flancs sont taris, s'adresse aux Francs-Comtois,
Se gorge de leur or, les mettant aux abois.

Au sommet du Jura, fait camper son armée,
Est fier de ses trésors, fier de sa renommée,
Franchit les défilés suivi de ses guerriers.
Bientôt l'Helvétien a cueilli ses lauriers.
Granson témoignera de sa noble défaite ;
Mais ce fut à Morat qu'elle devint complète,
Puisqu'on garda les os de tous les Bourguignons
Pour servir de trophées aux valeureux cantons.

Tel on voit l'épervier s'abattant sur sa proie,
Tel, du sol bourguignon, Louis a pris la voie.
Que pouvait un enfant contre un roi si pervers ?
Sinon de protester aux rois de l'univers.
Mais tout est accompli : Dôle, Salins, Auxonne,
Ont reçu dans leurs murs Louis onze en personne.
Coitier, son médecin, enfant de Poligny,
Bientôt dans la cité le précède et le suit.
Alors n'écoutant plus que sa soif meurtrière,
Au milieu des sanglots il étend sa bannière.
A Saint-Claude il accourt aux pieds de l'Eternel,
Croyant par ses présents avoir gagné le ciel.

Le temps qui détruit tout et qui tout renouvelle,
A rendu la Bourgogne à son prince fidèle.
Mais Maximilien la cède à son enfant,
A Philippe, son fils, qui la donne à l'instant
A titre viager, ou bien en apanage,
A sa sœur Marguerite, aussi bonne que sage,
Qui toujours fit régner la justice et les lois,
Et porta le bonheur au sein des Francs-Comtois.
A Bourg est son tombeau ; là, sa cendre mortelle,
Repose auprès de Dieu dans sa sainte chapelle,
Sous les piliers dorés, les brillants chapiteaux,
Que trois siècles et plus ont laissé sans rivaux.

Mais déjà Charles cinq remplaçait Marguerite,
Et portait bien au loin sa gloire et son mérite.
Presque toujours en guerre avec François premier,
Il eut l'insigne honneur de le voir prisonnier ;
Fut l'arbitre des rois, de ses sujets le père,
Et montra des grandeurs, le néant, la misère.
En abdiquant un trône au sommet établi,
Se fit moine et mourut à peu près dans l'oubli.

Henri, le grand Henri, sur le trône de France,
En héros s'asseyait par sa noble vaillance.
Quand Philippe aussitôt, appelant ses voisins,
Veut lui ravir le sceptre ou l'ôter de ses mains.
Soudain, l'illustre roi, déployant son armée,
Traverse des Comtois la province alarmée,
Combat les Espagnols, menace Besançon,
Qui pour le voir partir a payé sa rançon.
Il franchit du Jura la montagne escarpée,
Sous les murs polignois fait briller son épée,
Entoure ses remparts, se prépare à l'assaut,
Quand le maire Chiffey, Jean Masson et Ratteau
Viennent de la cité détailler la souffrance,
Implorer du grand roi, le pardon, la clémence.
« Si pour de l'or on peut calmer votre courroux,
« Sire, dit Jean Masson, hélas ! préservez-nous,
« De voir en nos maisons le viol et le pillage,
« Et d'un assaut sanglant l'effroyable carnage.
« Mais si vous prétendez nous ranger sous vos lois,
« Du monarque espagnol abandonner les droits,
« Nous aimons mieux, seigneur, que la cité s'enfonce,
« Que tout soit saccagé... voilà notre réponse. »
Henri, dans son coffret fit ranger tout son or,
Il était déjà loin qu'on le craignait encor.

Mais il avait laissé, bien au loin dans l'espace,
De ses pas valeureux l'ineffaçable trace.
Aussi ses successeurs reprirent ce chemin,
Et vinrent de nouveau balancer le destin.
Saint-Amour était pris ; le duc de Longueville [1]
De Lons-le-Saulnier faisait brûler la ville,
Marchant sur les mourants, sur les blessés meurtris,
A la lueur du feu, des sanglots et des cris,
Quand, du haut de Grimon, bientôt la sentinelle
Aperçoit les Français déboucher non loin d'elle.
Aussitôt des remparts, le baron Savoyeux,
Fait charger les canons, fait apprêter les feux.
Il fait prendre aux soldats leurs lignes de bataille ;
Les uns sont aux remparts, d'autres sous la muraille.
Quand Merci reçoit l'ordre, avec son régiment,
D'aller voir des Français l'ordre et le campement.

Longueville avait vu la cité bien armée,
Et de ses défenseurs la valeur enflammée,
Avait jugé prudent, aux abords de la nuit,
D'allumer tous ses feux, de déloger sans bruit,
Ne voulant pas risquer, sur la fin de l'automne,
Un siége rigoureux sans gloire pour personne,
Préféra regagner Saint-Laurent, Saint-Amour
Et suivre les avis de la Mothe-Houdancour.

Mais cette apparition redoubla le courage
De Charles de Lorraine et de son entourage.
Sitôt de la cité les chemins sont détruits,
Sur les hauts monts voisins des remparts sont construits.
Par de nouveaux guerriers la ville est renforcée,
Aux pieds de ses canons la mitraille est placée.

[1] Henri d'Orléans, duc de Longueville.

Les bourgeois dans les murs ont fait entrer du pain,
Ils peuvent dès ce jour affronter le destin.

Le printemps balayait l'humide chevelure
Qu'avait laissé l'hiver à travers la nature.
Déjà le rossignol exhalait ses soupirs,
Répétait ses chansons commençait ses plaisirs.
Longueville a souri, la brise matinale
Semblait lui présager sa course triomphale.
Au jour il déployait, près de Chateau-Chalon,
Ses étendards noircis, son épais bataillon.
Douze mille guerriers composaient son armée,
Avide de combats et de gloire affamée.
Moiria-Châtillon, Feuquières, Houdancour,
Comptaient sur la victoire avant la fin du jour.

Charles, attendra-t-il, derrière ses murailles,
Le choc impétueux, le brandon des batailles ?
Non, déjà dès la veille il a quitté Grimon,
Entassé ses guerriers au sommet du vallon.
Chamole est son appui, son point de résistance,
Où déjà ses canons sont braqués par avance.
Ses valeureux guerriers plutôt que de fléchir,
Ont juré sur l'honneur de vaincre ou de mourir.

Longueville apparaît, il a franchi Boussière,
En bravant de Grimon la balle meurtrière.
Tout cède à sa valeur. Dragons et fantassins
Gisent ensanglantés à travers les ravins.
Bornival est rompu, plus d'un guerrier d'élite,
A travers les rochers, tombe ou se précipite.
Les Français, enhardis par un nouvel effort,
Portaient déjà partout l'épouvante ou la mort,
Quand le vaillant d'Arbois, payant de sa personne,

Soudain des assaillants arrête la colonne.
Par cinq fois dans ses murs les Français sont entrés,
Le glaive par cinq fois les avait pénétrés.
Quand les fiers cavaliers que conduisait Lorraine,
De morts et de mourants jonchaient toute la plaine,
Le reste a pris la fuite à travers le vallon.
Longueville, affaibli, gagnait Château-Chalon.

La terre a retenti du bruit de l'allégresse
Que faisaient éclater les bourgeois dans l'ivresse.
Les balcons sont ornés de drapeaux triomphants
Et le vin coule à flot parmi les combattants.

Le temps comme la vie est parsemé d'orage,
Des mortels d'ici-bas il nous montre l'image.
Si la fortune un jour les aime ou leur sourit,
Vite ils ont oublié que le destin la suit,
Qui vient, en maître altier, replonger dans l'abîme
Ceux qui croyaient du faîte avoir touché la cîme.
Charles n'est déjà plus sur les monts polignois,
Ce sol ingrat mettait ses coursiers aux abois ;
Il a quitté Grimon et les bords de l'Orine,
A regagné Salins, côtoyant la colline,
Promettant aux bourgeois l'appui de ses soldats,
Si l'ennemi tentait de nouveau les combats.

Mais déjà Longueville a refait son armée,
Plus redoutable encor et bien plus animée ;
Il sait que son rival a regagné Salins ;
Il lui tarde déjà d'en revenir aux mains ;
Bientôt ses bataillons s'étendent dans la plaine,
Ils voient de la cité la croix aérienne.
Chacun de ses guerriers veut venger un affront
Et laver dans le sang la rougeur de son front.

Tout était préparé, le temps était propice,
Il allait à l'instant assaillir la milice,
Quand se sentant ému par un noble retour,
Il a jugé prudent d'envoyer Houdancour
Offrir aux habitants, pour prix de sa clémence,
De se ranger soudain sous le joug de la France,
De camper ses soldats au sein de la cité,
Qu'il se portait garant de leur fidélité.
Aussitôt le Conseil s'assemble et délibère,
S'il faut se décider pour la paix ou la guerre.
Les uns étaient d'avis qu'on traînât en longueur,
Attendant de Salins l'illustre défenseur ;
Mais d'autres plus prudents voulaient qu'à l'instant même
De l'étendard français on vit briller l'emblème.
Enfin, on se sépare et rien n'a prévalu ;
Longueville à l'assaut est bientôt résolu.
Aussitôt de guerriers la ville est entourée.
Par un rempart vivant, soudain elle est murée ;
A la porte Farlay, deux épais bataillons,
Bientôt du parapet font sauter des moëllons ;
Vingt canons sont braqués foudroyant la courtine,
Par la porte où toujours Noseroy s'achemine.
Déjà le mur chancelle, il s'entr'ouvre, il fléchit,
Quand le jour qui s'éteint a fait place à la nuit.

L'aurore vint trop tôt épandre sa lumière
Sur ces murs dégradés et tombant en poussière ;
Mais déjà du tambour on entendait les sons,
Les bourgeois se hâtaient, se formaient par pelotons.

Le jour avait à peine éclairci l'atmosphère
Que déjà les Français, rugissant de colère,
Conduits par Châtillon, aux remparts sont montés ;
Aussitôt dans la fosse ils sont précipités.

Mais, hélas ! que servait ce triomphe éphémère ?
Quand bientôt sur le mur une phalange entière
Paraît comme un linceul et franchit le rempart,
Inonde la cité soudain de part en part.
O déluge exécré ! jour de honte et de rage !
Sur la mère accablée est l'enfant qu'on outrage.
L'époux est à leurs pieds arrosé dans son sang,
Aucun n'est épargné, ni l'âge, ni le rang.
Le vieillard pour son fils à beau demander grâce,
Bientôt leur sang mêlé ne fait plus qu'une trace.
Les chemins sont remplis de cadavres gissants,
Le père est étendu sur ses enfants mourants ;
Jusqu'aux pieds des autels la femme est avilie
Pour épargner son sang, pour épargner sa vie.
Sous les bras vigoureux de la Mothe-Houdancour,
Les clairistes servaient d'aliments au vautour.
Il leur a préparé, près des murs de la ville,
Un cloître abandonné qui devient leur asile,
Cherche à les consoler et se fait leur soutien,
Promettant qu'à Salins elles seront demain.

Tout fatigue à la fin ; trois heures de carnage,
Semblaient avoir calmé le plus bouillant courage.
Il fallait couronner ce triomphe inhumain,
Embraser la cité pour qu'il n'en restât rien.
Ceux qu'avaient épargné le glaive et la mitraille,
S'éteignaient consumés au pied de la muraille.
Les humains dès longtemps ornaient ce beau séjour,
Mais pour l'anéantir il ne fallut qu'un jour.

DIEU, L'HUMANITÉ

ET LES RELIGIONS

DIEU, L'HUMANITÉ ET LES RELIGIONS

Grand Dieu ! daigne échauffer ma lyre,
 Et de ton souffle l'animer.
 Que ta divinité m'inspire,
 M'enserre et puisse m'enflammer.

Prosterné sous tes pieds, pardonne à mon audace
De sonder dans les cieux l'ouvrage de tes mains,
Ces globes suspendus à travers de l'espace,
Nous montrant ta puissance inconnue aux humains.
Que de faiblesse en moi pour parler de ton être !
Dieu, principe éternel, immuable, infini,
Qui fut dans tous les temps et que nul ne vit naître,
Qui ne commença pas et reste indéfini ;
Source intellectuelle, unique, intelligente,
Assise aux profondeurs de son éternité,
Avant que d'étayer de sa force puissante
L'univers endormi dans son obscurité.

La matière existait, elle était éternelle,
Contenant dans son sein le germe à tous les maux,
Fermentant, bouillonnant, au frein toujours rebelle,
Assemblage effrayant des fureurs du chaos ;
De toute éternité par sa bonté divine,
Dieu résolut en lui de former l'univers,
De briser du chaos la discorde intestine

En séparant du feu l'air, la terre et les mers ;
Il modela son plan, il le fit sur lui-même,
Modèle inimitable, incréé, naturel.
Et pour l'exécuter prit le moment suprême
Qui lui montrait d'avance et la terre et le ciel.
Tel, l'artiste éminent, convertissant la pierre,
La façonne à son gré, la lustre, la polit,
Puis, transforme en palais cette pierre grossière,
Qui l'élève aussitôt et souvent l'ennoblit.
Tel fit le Créateur, dont ce monde visible
Est la copie informe et sans expression
Du monde intellectif, admirable, invisible,
Dont un jour il fera notre possession.
Ce qu'il laisse à nos sens se montre à notre vue.
Il a voilé le reste à notre avidité,
Le laissant dans son plan, dans sa grandeur prévue,
Avant que d'en montrer l'ample sublimité.
Le modèle était fait, arrangé dans sa forme,
Tel qu'il l'avait conçu, sans y rien ajouter,
N'y voulant rien changer avant qu'il le transforme.
Le monde était produit avant que d'exister.

Dès lors, préexistait avant qu'on vit le monde,
De toute éternité, Dieu, l'auteur de tout bien,
Ainsi que la matière, enchaînée, inféconde,
Principe de tout mal, qui lors ne pouvait rien ;
Puis le modèle exquis, fait de par sa main divine,
Dont il voulait s'aider et se faire un appui,
Avant qu'à l'univers il planta la racine,
Pressentant que bientôt il roulerait sous lui.

L'instant étant venu, la sagesse éternelle
Parle, ordonne au chaos de marcher dans sa nuit ;

Cette masse aussitôt, tourbillonnant dans elle,
Obéit à l'instant celui qui la conduit :
Tout s'ébranle et s'agite, et soudain le feu brille,
Pour la première fois se montre à l'univers.
Et de terre entouré, l'air au loin s'éparpille,
L'eau se creusant son lit s'en va former les mers ;
A ces quatre éléments, Dieu leur donnait une âme,
Destinée à former, à composer les corps,
Construite de matière et d'un peu de sa flamme
Pour y puiser sans cesse et répandre au dehors ;
Plus loin que l'air grossier contournant notre globe
Existe un air plus pur s'élevant jusqu'aux cieux,
Plaine immense, infinie, et que Dieu nous dérobe,
Où flotteront plus tard les astres lumineux ;
De ce sublime accord inhérent à la terre,
Et lié fortement au centre universel,
Portant à tous les corps des rayons de lumière
Et retournant ensuite au flot substantiel.

Quand l'âme universelle eut rejoint la matière,
S'étant agglomérée à ce feu souterrain,
Sitôt elle essaya si sa force première
Pourrait répondre en tout à l'attribut divin ;
Soudain sa flamme active ébranlant cette masse,
La fait mouvoir sur elle en tournant rondement,
Et quand son tour est fait à travers de l'espace,
Elle reprend le point de son déplacement.
Si l'âme n'eut été que de divine essence,
Sa marche trop conforme eut été sans effet ;
Mais la matière vint apporter sa puissance,
L'univers aussitôt s'ébranle à son aspect.
La masse d'Orient en Occident poussée,
Vingt-quatre heures après arrivait à son but.

L'âme matérielle en tous sens opposée
Avait en elle-même un tout autre attribut.
Sa force d'Occident en Orient s'élance,
Entraînant dans son cours tous les astres mouvants,
Qui, forcés d'accourir et de suivre à distance,
En subissent ainsi les mêmes mouvements.
Pour concevoir le fait de ces deux sens contraires,
C'est qu'une opposition toujours les désunit :
Chacune a son destin, ses labeurs nécessaires,
Enchaînement subtil par les causes produit ;
Pour qu'il en soit ainsi, c'est que l'âme divine
Habite au bout du monde, à ses extrémités.
L'âme matérielle et qui nous avoisine,
Régit les couches d'air passant à nos côtés.
Son surplus lui revient des parties plus grossières,
Restes du mouvement qu'agitait le chaos
Et qu'elle communique aux astres et aux sphères.
Faisant ainsi mouvoir tous les globes d'en haut,

Nul homme encor debout pour sentir ces merveilles.
Dieu voulut, avant lui, créer les éléments.
De la terre encor molle en laisser des parcelles,
Dont il revêtirait tous les êtres vivants ;
Seulement existaient des génies sans puissance,
Agissant de par lui, selon ses volontés,
Assujettis toujours à leur obéissance,
Joyeux de voir surgir tant de sublimités.
L'univers était fait, se montrait plein de vie.

Ce fils de Dieu créé, superbe, harmonieux,
Sa figure sphérique et sa forme arrondie,
Concordaient puissamment avec l'ordre des cieux.
Son mouvement précis, sa marche circulaire,

La plus essentielle, a sa règle, a son lieu.
Celle qui convenait, qu'il fallait à la terre,
Etalant à jamais les merveilles de Dieu.
Il fut content de lui, vit avec complaisance
Que l'œuvre du modèle en tout point l'imitait,
Que ses traits principaux avaient sa ressemblance,
Et de l'original il était satisfait.

Mais tout était obscur, restait dans les ténèbres,
L'écorce de la terre existait sans chaleur,
Représentant plutôt la nuit des champs funèbres,
Qu'un vrai séjour de paix, de charme et de bonheur.
Alors Dieu fit le temps, cette image mobile
Qu'on voudrait retenir pour allonger ses jours,
Comme l'éternité dans sa base immobile,
Qui ne commença pas et durera toujours.
Le temps qui, commençant et finissant sans cesse,
Le grand cercle des jours et la longueur des nuits,
Marchant sans s'arrêter, n'ayant rien qui le presse,
Et n'enregistrant pas les jours qu'il a produits ;
Le temps enfin de lui ne laissant point de traces,
Ne commençant jamais et ne pouvant finir,
Si des signes certains fixés dans les espaces,
Ne marquent son passé, sa fin, son avenir.
Dans cette vue alors, le grand Être suprême
Alluma le soleil, le lança dans les airs,
Lui réservant l'honneur d'avoir le diadème,
D'épandre sa chaleur dans tous les univers.
C'est au centre du ciel, dans un lointain espace,
Qu'il fixa sa demeure et tous ses attributs,
C'est de là qu'il commande aux êtres de sa race,
Qu'il les fait graviter et payer leurs tributs.
Cet astre est si puissant, qu'en la voûte éthérée

On ne peut le fixer sans détourner les yeux,
Que la vue affaiblie est soudain altérée,
Démontrant que cet astre est le séjour de Dieu.
Pour marcher à sa suite il créa les planètes,
Astres inférieurs, comme lui suspendus,
Soumises à ses lois, lui servant d'interprêtes,
Sitôt qu'il apparaît des astres inconnus ;
C'est par ses rayons d'or qu'il asseoit les années,
Que la lune argentée en marque tous les mois,
Qu'il préside aux saisons, règle ses destinées.
Sans ses feux bienfaisants le monde est aux abois.
S'il fut placé plus loin, sa chaleur impuissante
N'aurait jamais mûri nos pampres et nos fruits ;
Etant plus près de nous, son ardeur malfaisante
Les aurait consumés avant d'être produits ;
Alors il lui donna sa place nécessaire,
Eloignement que Dieu pouvait seul mesurer ;
Pour que l'attraction soulevât cette terre
Et qu'en se balançant elle ait à converger.

Au plus haut point du ciel, il plaça les étoiles,
Emplit de leurs clartés la terre avec les cieux.
Quand la nuit de la lune a déchiré les voiles
Que Phébus est allé réchauffer d'autres lieux,
Qui pourra mesurer la distance effroyable
De la terre à l'étoile à travers le ciel bleu ?
Et le nombre étonnant et inimaginable
De ces astres laités au firmament de Dieu ;
L'univers comme un point suspendu dans le vide,
Emporté dans l'espace à l'entour du soleil,
Et les globes roulant dans la plaine liquide
Ne s'arrêtant jamais, n'ayant point de réveil ;
Suivant paisiblement la limite tracée

Que Dieu leur assigna dans ses commandements,
Et qui dans aucun temps ne sera remplacée,
Etant la base unique à tous ses fondements ;
Que deviendrait la terre heurtant un autre globe ?
Et combien de lambeaux désuniraient son sein
Si la moindre planète obliquait dans son orbe ?
Notre faible univers serait sans lendemain.

Aucun mortel encor n'avait vu la lumière,
La terre était sans fruits, sans herbes et sans grains,
L'eau, par minces filets, se formait en rivière ;
Les génies attendaient les ordres souverains ;
Dieu descendit du ciel, assis sur un nuage ;
La troupe des génies en cercle étaient unis
Et tous ont tressailli en voyant son visage,
Car en approchant d'eux, il les avait bénis.
Génies que j'ai créés, qui gouvernez les astres,
Ecoutez votre Dieu, ses ordres absolus,
La mort toujours sur vous commettait ses désastres,
J'annule ses décrets, les temps sont révolus ;
Recevez de mes mains l'immortalité sainte,
Qu'aucun droit ne me force à vous inoculer ;
Du séjour bienheureux vous ouvrirez l'enceinte,
Mais en déméritant je puis vous l'annuler.
L'ouvrage est imparfait, tant qu'il en reste à faire ;
Il faut perfectionner ce grand tout accompli,
Créer les habitants du ciel et de la terre
Et que le fond des eaux de poissons soit rempli ;
Dans la terre humectée ensemencer les germes,
Et de l'herbe odorante en varier les fleurs,
Que la plante ait sa graine et mûrisse à ses termes,
Etalant sa parure et ses belles couleurs ;
Que les vents bien au loin en emportent les graines

Pour donner la pâture à tous les animaux ;
La terre absorbe tout, et tout sort de ces veines.
Mais l'homme aura les sucs de la terre et des eaux.
Que d'arbres et de fleurs sa robe soit parée,
Que tous en leur espèce ils apportent des fruits,
Aux uns les durs plastrons pour la longue durée,
Qu'aux autres la douceur en sucre les produits.
Aux habitants de l'air, donnons de beaux plumages
Assez forts pour parer les flots aériens,
Comme à tout ce qui vit, varions leurs langages.
Et de leurs chants divers qu'ils charment les humains.
Si l'homme et l'animal existaient par moi-même,
Au devoir de la mort, je les aurais soustraits ;
Ils croiraient m'égaler. Dans leur orgueil extrême,
Ils oublieraient bientôt ma gloire et mes bienfaits.
Du soin de les produire en vous je me repose.
Gardiens de ma puissance et de ma volonté,
Le droit que j'ai sur eux en vous je le dépose,
Et vous l'exercerez en toute autorité ;
Génies, mes premiers nés, sacrés dépositaires
De mes secrets passés, présents et à venir,
Préparez le levain, les langes nécessaires
Pour former tous les corps que nous allons unir ;
Etant, de sa nature infime et périssable,
La chair n'a qu'un seul but, sa reproduction,
Sans l'immortalité, son objet véritable,
Elle n'est que matière et vile abjection.
Formés pour commander des êtres magnanimes
Qui, sur les animaux aient toute autorité,
D'eux, jamais l'homme humain n'en fera ses victimes,
Son plus bel attribut étant la charité.
Lui seul me comprendra ; mais un instinct servile
Remplacera l'esprit dans tous les animaux.

Leur force en tous les temps lui sera très-utile,
Pour mener à leur fin tous ses plus grands travaux.
Que tous vous soient soumis, qu'ils naissent par vos ordres,
Croissent par vos bienfaits en attendant la mort,
Qu'alors allant à vous, à vos miséricordes,
Ils aient tous le bonheur de vous rejoindre au port.
Il dit, et reversant à l'instant dans la coupe
Les restes dont le globe avait été produit,
En les repétrissant il n'en fit qu'un seul groupe,
Et de l'âme du monde il retrouva le fruit.
Alors il composa l'âme particulière
Dont chaque être animal devait être pourvu,
Voulant à l'âme humaine adjoindre à sa matière
Ce que dans sa pensée il avait résolu.
Soudain il y mêla de sa divine flamme,
Impalpable au toucher, invisible aux humains.
De l'arôme sacré dont est composé l'âme,
Que nul être n'a vu, ne tiendra dans ses mains.
Alors il fut réglé qu'il naîtrait dans le monde
Les mortels par moitié des deux sexes compris ;
Que leur soumission à Dieu serait profonde,
Et que d'une autre vie ils sentiraient le prix.
Qu'à l'homme appartiendrait toute prééminence,
Sur ce que la nature enferme dans son sein.
La femme assujettie et sous sa dépendance,
Resterait condamnée à la loi du destin.
Que la justice en soi serait inaltérable,
Servant toujours de frein pour dompter les passions,
Qu'un remords pénétrant étreindrait le coupable,
En attendant que Dieu sonde ses actions.
Que chacun des génies aurait un nombre d'âmes
A voir, à surveiller constamment ici-bas ;
Qu'ils verraient des méchants tous les projets infâmes,

Et que rien de caché ne se montrerait pas.
Que les justes iraient aux célestes demeures
Savourer un bonheur sans mélange, éternel,
Où tout est à chacun, où l'on omet les heures,
En volant dans l'espace à travers le soleil.
L'âme ne peut mourir : Dieu l'a faite immortelle,
Ayant ses gradations de peine et de plaisir,
Si ses iniquités la rendent criminelle,
C'est par le châtiment qu'elle doit refleurir.
Que l'homme vicieux, par la métamorphose,
Se verra dépouillé du titre le plus grand,
Qu'il changera son nom, sa dignité, sa chose,
Et qu'en devenant femme aura le second rang.
S'il sâlissait encor le beau titre de mère,
Soudain il déchoirait au rang des animaux,
Se changerait en porc, en requin, en vipère,
Recommençant toujours les plus rudes travaux.
Il ne reparaîtra sous sa forme première
Qu'autant que sa raison maîtrisera ses sens,
Et qu'à l'humanité vouant sa vie entière
Pour elle il répandrait le plus pur de son sang.
Ayant dit, aussitôt il parsema les âmes,
En laissant aux génies le soin de les vêtir,
De donner moins d'ampleur, plus de grâces aux femmes,
A l'homme plus de force à pouvoir départir.
D'imiter en tout point de Dieu la ressemblance
En élevant son front pour admirer les cieux,
De verser dans son sein le don d'intelligence,
Et tout ce que l'amour a d'éclat dans ses yeux.
Que son pied dégagé touche à peine la terre,
Qui ne sera pour lui qu'un séjour passager.
Sa demeure éternelle étant sur le tonnerre,
Il verra sous ses yeux les mondes converger.

De la création c'est le plus bel ouvrage.
De tout ce qui respire il est le souverain.
La valeur de son âme est peinte à son visage.
C'est le miroir du juste, de l'être inhumain.
Aussitôt les génies prirent de la matière
Dont les quatre éléments avaient été formés.
Soudain mélangeant d'eau la fange et la poussière,
Et l'appliquant aux corps ils furent animés.
D'invisibles liens entourèrent les âmes,
Et les parties du corps servant à se mouvoir.
Mais l'âme immortelle et ses divines flammes
Siégèrent au cerveau, centre de leur pouvoir.
Sitôt l'âme entrevit, essaya sa pensée,
Vit qu'elle était sans frein, pouvait tout calculer,
Que la chose douteuse et la chose insensée,
Se mesuraient dans elle et pouvaient s'annuler.
Que tout son libre arbitre était en sa puissance,
Et que son avenir était entre ses mains ;
Que Dieu son créateur était sa providence,
Qu'elle anéantissait le pouvoir des humains.
Ce fut à la raison, cette fille immortelle,
Ce bel enfant de l'âme, à surveiller les corps.
Tout âme en est douée et la porte avec elle ;
Elle s'envole au ciel quand arrive la mort.

LE PAPE

ET LA RÉPUBLIQUE

LE PAPE ET LA RÉPUBLIQUE

Le sort en est jeté, le trône est en poussière,
Le dernier de nos rois s'enfuit épouvanté,
Mais de la République arborons la bannière,
Saluons la Justice avec la Liberté.

Tu rêvais le bonheur, ô pauvre prolétaire,
Un riant avenir semblait s'ouvrir pour toi,
Dieu te le promettait, le temps approche, espère,
Toujours au grand ruisseau le fleuve a fait la loi.

Si de nouveaux Janus ont fait pâlir ta face,
République immortelle, espoir des malheureux,
Déjà de leur venin tu as perdu la trace,
Tu règnes et tu grandis malgré les envieux.

Les mécontents ont dit : Soyons réactionnaires.
En affublant l'habit des vrais républicains,
Le peuple est si borné qu'en faisant nos affaires,
Il ne verra qu'en nous ses plus fervents soutiens.

Que sert de l'entraver quand c'est Dieu qui la donne,
Egoïstes vendus à tous les potentats,
Qui, toujours pour de l'or sâlissiez la couronne,
Nous mettant au niveau du dernier des Etats ?

9

N'entourez pas vos bras d'un crêpe funéraire,
Vous tous, ô mes amis, zélés républicains,
Le deuil est bienséant quand on n'a plus de mère
Et la nôtre un beau jour brisera ses liens.

Qui n'est républicain du pauvre est le despote,
Son cœur n'étant pétri que de cupidité.
Il voit avec dédain l'indigent à sa porte
Et voudrait lui ravir jusqu'à sa liberté.

Vous croyez arrêter l'idée à peine éclose
De la Fraternité qui déjà nous sourit ;
Ah ! désabusez-vous, le nom n'est pas la chose,
L'avenir l'abandonne au temps qui la mûrit,

On n'en peut plus douter, le monde se transforme
Tout croule et se détend, la foi n'existe plus.
Il est temps d'innover, de changer le viel homme,
Pour raviver les mœurs, il faut d'autres vertus.

Si Dieu t'a préféré pour éclairer la voie,
Où les peuples bientôt vont marcher triomphants,
Ce beau rôle, ô Pie IX ! doit te donner la joie
Qu'un bon père a toujours pour ses nombreux enfants.

Tel on voit dans le ciel un brillant météore
Qui nous promet des jours pleins de fécondité,
Tel tu nous apparais pour devenir l'aurore
Des Peuples rajeunis par la Divinité,

Ah ! s'il était donné de remonter les âges
En ramenant le culte au berceau de la Croix,
Les temples épurés d'informes alliages,
Pourraient peut-être encore revendiquer la foi.

N'est-il pas malséant que de Dieu la demeure
Tel qu'un bazar public n'étale que de l'or,
Tandis que l'indigent succombant à toute heure,
Encore plus que son Dieu convoite son trésor ?

Siècle d'argent maudit, après chaque prière,
L'obole est demandée en vue du paradis.
Comme si pour le ciel l'argent est nécessaire,
Sans lui compter de l'or Dieu reçoit ses brebis.

De son Pontife, hélas ! Rome est abandonnée,
Son amour a faibli contre les coups du sort,
De l'étendard français il suit la destinée,
Quand bientôt les Romains vont affronter la mort.

O mon Dieu ! que ta foudre épargne cette tête,
Permets-lui de fouler le sol républicain,
Que du trône il médite et la base et le faîte,
Pour qu'il soit désormais un pape-citoyen.

Si Dieu se reposa quand fut créé le monde,
Certes, il le pouvait après tant de travaux.
Depuis bientôt un an la misère est profonde,
Et nos représentants n'ont rien fait pour nos maux.

A quoi bon renverser un monarque parjure,
Pour laisser subsister ses tyranniques lois,
Entendez donc la voix du peuple qui murmure
Qui, malgré l'abondance, est bientôt aux abois.

Mais vous n'entendez rien, toujours le pauvre infirme
Se verra dépouillé par ses vils oppresseurs ;
Hélas ! longtemps encore il sera la victime
Du tigre qui l'étreint et des monopoleurs.

Ainsi tous les abus existeront encore,
Vainèment l'indigent aura mis son véto,
Mais du Socialisme on voit poindre l'aurore
Et pour lui le soleil se lèvera bientôt.

Oui, les rois désormais ont perdu leur puissance,
Les peuples assoupis sont enfin réveillés,
Ils feront comme ont fait les enfants de la France
En chassant les tyrans qui les ont dépouillés.

Des monts Silésiens aux monts de l'Ibérie
La Liberté renaît, fait palpiter le cœur,
Un baiser fraternel à la jeune Italie.
Du honheur des humains elle est le précurseur.

Partout l'esprit guerrier a retrempé les âmes,
Partout l'étendard flotte aux cris de Liberté,
Le monde a tressailli, les rois sont en alarmes,
C'est le signe immortel de la Fraternité.

Et c'est quand tous les rois sont honnis sur la terre,
N'étant à l'avenir que des spectres vivants,
Que l'on arme le bras du fils contre le père
Pour couronner le front d'un de nos prétendants.

Assez longtemps la France a gémi sous ta race,
Henri, déshérité par l'arrêt du destin,
Parmi nous, si tu veux mériter une place,
Abjure ton passé, fais-toi républicain.

Et toi, faible aspirant, qui, singeant le Grand Homme,
Veux te donner des airs d'un Napoléon II,
Si c'est en rêvant, soit, tu peux finir ton somme,
La couronne est trop lourde à ton front vaniteux.

Serez-vous, ô Français, taxés d'ingratitude,
En mettant dans l'oubli le plus grand citoyen,
Celui qui pur de sang, plein de mansuétude,
Au péril de ses jours était votre soutien.

Peuple, en toi désormais va régner la puissance.
Pour être à la hauteur d'un si noble destin,
Il faut d'abord des tiens soulager la souffrance.
Mais pour y parvenir tout est de voter bien.

Riches, à l'avenir pour être encore en place,
Il faut du prolétaire attendre votre appui,
Maintenant c'est lui seul qui dispense la grâce,
Qui fait et qui défait tous les grands d'aujourd'hui.

Saluons l'unité des peuples d'Italie,
Sa marche quoique lente est déjà près du but,
Encor un grand effort la verrait accomplie,
L'avenir est de Dieu le plus noble attribut.

Peuples, unissons-nous, enfants du même père,
Sous le même étendard donnons-nous tous la main,
Sans démarcation Dieu nous donna la terre,
Et lui seul peut connaître et le but et la fin.

Honneur, honneur à vous, pères de la patrie,
Illustre Lamartine, et toi, Ledru-Rollin,
A tous les cœurs bien nés vous redonnez la vie
Ah ! soyez vénérés de tout le genre humain.

LÉON VUILLET.

Saint-Etienne, le 1er décembre 1848.

BONAPARTE

BONAPARTE

A l'œuvre on connaît l'homme, affirme La Fontaine,
A l'œuvre Bonaparte a su briser sa chaîne,
Se metttant au niveau des plus vils assassins
Dont les hideux forfaits sont moindres que les siens.
Condamné par les lois pour attentat au trône,
Ham est le lieu choisi pour loger sa personne ;
Il arrive au château, cherchant la liberté,
Indigné d'être encor dans la captivité ;
Un bonheur imprévu lui réservait la chance
De sortir du donjon, tenter sa délivrance ;
De nombreux ouvriers réparaient le château,
Quand un éclair jaillit soudain de son cerveau ;
Tel on vit autrefois dame Labédoyère
Revêtir son mari de sa dépouille entière,
Trompant les geôliers, le sortir de prison,
Pendant qu'elle y restait pour illustrer son nom.
Tel on vit Bonaparte, en s'évadant, en route,
Un rabot sur le bras, passant sans qu'on s'en doute,
S'embarrassant fort peu des soldats et du guet,
D'un futur empereur en faire un Badinguet.
Laissons-le s'ennuyer à travers l'Angleterre,
Dévorer tout le bien que lui laissa sa mère,
Apprendre à gouverner en s'endettant toujours.
Revenir parmi nous pour attrister nos jours.

Mais déjà Saint-Arnaud, comme un autre Holoferne,
Fait effacer partout, de caserne en caserne,
Les mots de République et de fraternité
Qu'il ne peut prononcer qu'avec indignité ;
Soldats, grattez cela, prenez vos baïonnettes,
Que tout soit disparu, que les chambres soient nettes.
Déchirons ces lambeaux de la rébellion,
Avant de la forcer d'abaisser pavillon ;
Nous n'avons qu'un drapeau, c'est celui de l'Empire.
Le moment est venu, tout haut on peut le dire,
Une ère de bonheur luira bientôt sur nous ;
Le neveu du héros seul est digne de vous ;
Les Bourbons d'aujourd'hui sont de trop vieille race ;
Le ressort est usé, plus rien ne le remplace.
Ils ont assez longtemps gouverné nos aïeux,
Espérons qu'à présent nous nous passerons d'eux.
Après l'âge avancé vient la décrépitude
Et le trône en changeant refait une autre étude.

Cette nuit et demain chacun est consigné
Par un ordre absolu, nul n'en est épargné ;
Le soldat a son prêt, l'argent est dans sa poche,
Il devra se montrer sans peur et sans reproche
En donnant au début un bon coup de collier,
Qui nous dégagera le pied de l'étrier ;
Le maître à Satory fit couler le champagne,
Il coulera plus fort après une campagne,
Quand la victoire aura couronné nos efforts ;
Que, vainqueurs de Paris, nous serons les plus forts ;
Mais, comme à l'ordinaire, éteignez la lumière,
Que tout rentre au néant, comme la nuit dernière,
Et le trône aboli par les républicains
Deviendra plus brillant rétabli par nos mains.

Toujours la tyrannie engendre l'injustice,
Et tout tyran n'est bon qu'à propager le vice ;
Ce qu'on peut démontrer en voyant un fripon
S'approprier un trône avili par son nom ;
Il veut singer son oncle, il est cousu de dettes ;
Mais du clergé pour lui les mains sont toutes prêtes.
Il débarque, et sitôt est fait représentant.
Puis bientôt de la France il est le président.
Ne vous étonnez pas, le clergé le dirige ;
Par sa dextérité, le peuple est pris au piége.
Fallait-il, pauvres fous, vous fier au clergé ?
De vos élections, Dieu l'avait-il chargé ?
Il travaillait pour lui, craignant la République,
Vous donnait Badinguet entouré de sa clique,
Voulait garder sa place,
Tombait dans la disgrâce.
D'un seul revirement, Cavaignac est exclu,
Pendant que Bonaparte aussitôt est élu.
Entendez-le crier, de sa voix impudique :
Je prends Dieu pour témoin d'aimer la République,
De ne négliger rien pour la consolider,
Et la rendre à celui qui doit me succéder.

Il est nuit, il fait froid : c'est le premier décembre.
Chaque représentant a regagné sa chambre.
Un noir pressentiment agite les esprits ;
La République à peine a montré de ses fruits,
Qu'on voit le despotisme assembler ses furies,
Préparer l'hécatombe à d'héroïques vies ;
Depuis longtemps Paris nage dans son sommeil,
Sans penser seulement à son triste réveil.
Mais le Corse enhardi se croit fait pour l'Empire,
A tous ses spadassins n'a pas craint de le dire.

Ecoutez, leur dit-il (ils étaient bien huit cents),
Et comme il le voulait tous armés jusqu'aux dents,
Il faut pour cette nuit, le plus tard près d'une heure,
Que cent représentants soient saisis à demeure ;
Ne les ménagez pas, tuez-les, s'il le faut ;
En un mot, traitez-les comme on fait à l'assaut.
Préparez au plus tôt bon nombre de pataches
Sitôt en les prenant jetez-y ces ganaches.
On vous dira l'endroit où l'on doit les mener,
Je serai satisfait de les voir promener ;
Je vais en attendant remuer un peu l'âtre,
Préparer pour demain le grand coup de théâtre.

Ah ! c'est vous, général, soyez le bien-venu.
Votre zèle accompli ne m'est pas inconnu.
Asseyez-vous, causons, mais faisons diligence.
Le temps m'est précieux bien plus que l'on ne pense.
Je fais mon coup d'Etat, et je le fais demain ;
Les soldats sont à moi, tout le reste n'est rien.
Quelques républicains, bavards le plus grand nombre,
Qui n'ont rien su fonder, ont eu peur de leur ombre.
Quant à vous, général, prenez trois bataillons ;
Conduisez sans tambours, et même sans canons,
Seulement cent fourgons vous seront nécessaires ;
Vous n'allez pas chercher des tas d'armes de guerre,
Vous allez à la Banque, il vous faut un pétard ;
Là, pour fermer la porte, on n'est pas en retard ;
Un bataillon suffit pour visiter les caves,
Vous laisserez dehors le reste de ces braves ;
Ce bataillon mettra ses fusils en faisceaux,
Et tous seront sans sacs pour rouler les tonneaux.
Sitôt que ces fourgons auront charge complète,
Vous m'en avertirez par un prompt estafette.

Jour de deuil, jour maudit, où nos propres enfants
Ont déversé sur nous, comme aux loups dévorants,
Le plomb fondu, le fer, la poudre et la mitraille,
Egorgé le vieillard au pied de la muraille.
La femme et son enfant se sauvant inclinés
N'ont laissé que leurs os, encore tout calcinés ;
Les soldats presque soûls, étaient remplis d'audace ;
D'eux, les pauvres blessés n'attendaient point de grâce.
Et que pouvaient contre eux quelques représentants ?
Mal armés et sans chefs, ils étaient impuissants ;
Les citoyens longtemps prolongèrent la lutte,
Mais il fallut céder et ne voir qu'une chute,
Que le temps guérira pour la recommencer.
Pour combattre un bandit et pour le renverser,
Avec tous ses suppôts, cette race exécrable,
Et cette armée indigne encor plus méprisable,
Qui, sous un joug honteux, nous maintient asservis,
Aidant à nos pillards, sans qu'ils soient assouvis,
Vendue à Bonaparte, elle n'est pas française,
Et n'osa plus dès lors chanter la Marseillaise.

A cette race infâme il faut toujours du sang.
Le pied sur un cadavre elle atteint le haut rang ;
Que de pavés rougis dans cette boucherie,
Que de vrais citoyens sont morts pour la patrie.
La plume se refuse à tracer tant d'horreur,
Pour élever un Corse, en faire un empereur.
Le crime est consommé, la République en fuite,
La liberté la suit, et marche encor plus vite.
Bonaparte, vainqueur, est le maître absolu,
La tribune est brulée ainsi qu'il l'a voulu.
Par le même décret, la France est bâillonnée,
D'une horde de mouchards, partout est sillonnée.

Pour un geste, un seul mot, on vous jette en prison.
Est-on républicain, il suffit d'un soupçon.
Un sanhédrin corsois, à Paris tient son siége,
Où la perversité s'unit au sacrilége,
En condamnant sans foi, sans aucun jugement,
Des citoyens français défendant leur serment.
Comment faire à présent que les prisons sont pleines ?
Et qu'un grand nombre encor ne sont pas dans les chaînes ?
Dit l'un d'eux, vite il faut nous en débarrasser,
Sous un poison actif il vont recommencer,
Non, non, dit un second, cette race infernale
N'est vaincue aujourd'hui que dans la capitale.
Attendons les rapports, chaque département,
Les enverra bientôt ; nous serons au courant.
Voici, du président, l'ordre exact des sentences,
Il ne veut ni pardon, ni même d'indulgences,
Résolu d'appliquer à tous ces scélérats,
Un châtiment égal à tous leurs attentats.
Former, des criminels, quatre catégories,
Imiter dans chacune autant de Sibéries.
Nouka-hiva, sera pour les plus endurcis,
Qui n'obtiendront jamais, ni grâce, ni sursis.
Arrivant aux seconds, nous choisissons Cayenne,
Insalubre climat où la mort est certaine.
D'autres républicains, peut-être aussi fameux,
Jadis expatriés, habitèrent ces lieux.
L'Algérie est choisie, et sera la troisième.
De leur pénible vie ils feront un poème,
Etant plus près de nous, nous les gouvernons,
S'ils sont récalcitrants, nous avons des canons.
Reste les internés que nous gardons en France,
Qui, ne recevant rien, feront maigre pitance.
Ainsi disséminés, ils seront aux abois,

Et ne penseront plus à détrôner les rois.
Tel, on voit l'araignée à l'affût sous sa tente,
Saisir, sucer la mouche, et la laisser mourante.
Quand survient un bourdon d'imposante grosseur,
Il traverse la toile en sort avec fureur.
Tel on voit que les lois sont pour les prolétaires,
Que les puissants du jour ne s'en inquiètent guère ;
L'impunité pour eux, se trouve un droit acquis,
Le peuple n'est qu'un fait, depuis longtemps conquis.

LE GRILLON

10

LE GRILLON

CONTE

———

Sur les bords tortueux
Que le Furens serpente,
Où plus d'un amoureux
A trahi son amante,
Vivaient en vrais amis,
Et d'égale tendresse,
Deux orphelins unis
Par plus d'une promesse.

Avant que de mourir,
Jacquinet, leur bon père,
Leur dit avec prière :
De se bien secourir,
Si venait la misère.
Croyez-en, mes enfants,
Ma voix bien affaiblie ;
Fille ayant des amants,
Fort aisément s'oublie.
Pierre ayez grand souci,
Que votre sœur soit sage ;
En vous disant ceci,
C'est pour son mariage ;
Je sens tout le fardeau,
Hélas ! que je te donne,
Autant faire un château
Au fond de la Garonne.

Je vois, tu le promets,
Dès lors je meurs tranquille,
Respectant les décrets
Du bon Dieu sur ma fille.
Menuisier Pierre était
Et Marie ourdisseuse.
Un peu plus amoureuse
Que Pierre ne voulait,
Car la nuit descendue
A l'entour du perron
Elle était assidue,
Guêtant son forgeron.
La prudence échappait,
A notre pauvre Pierre,
Et souvent la colère
Aux amants déplaisaient.
Il ne savait que faire.

Un certain jour, Marie,
Sans crainte et sans façon,
Lui dit je me marie,
Avec Jean, forgeron.
Qui fut sot ? ce fut Pierre,
Qui ne s'attendait guère,
A pareille leçon.
C'est donc la récompense
De tous mes soins pour toi ?
Dit-il, et ma présence
Te gêne encor, je vois.
Achève ton ouvrage,
Ton frère partira !
Mais rien dans ton ménage,
Rien ne prospérera ;

Car dit un vieil adage,
Forgeur qui boit, boira.
Il partit en silence,
Tant son cœur était gros,
Faire son tour de France,
Pour alléger ses maux.
Marie oublia vite
Et Pierre et son sermon.
Peu de jours à la suite,
Elle eut son forgeron.
La première semaine
Tout alla pour le mieux,
Jean, jusqu'à perdre haleine,
Buvait autant que deux.
Quand venait la pratique,
Marie, à grand regret,
Allait de la boutique,
En hâte au cabaret.
Essayant par ses larmes
De changer son mari.
Mais l'art de bien des femmes
Ne valut rien pour lui ;
Car à force de boire
Bientôt il s'endetta.
Le juge décréta
Saisie exécutoire. •

A quoi bon tant pleurer,
Disait Jean à Marie,
Le mal est, chante ou prie,
Il faut tout endurer.
C'est bien à vous, dit-elle,
A calmer ma douleur,

Ivrogne sans honneur,
Vous me la donnez belle.
Il sera beau demain,
De nous voir à la rue,
Sans argent et sans pain,
Honnis par la cohue.
Mais j'entends un grillon,
Près de la crémaillère ;
N'ayant pas un billon,
Chez nous que vient-il faire ?
Vite il faut l'écraser,
Non, mieux vaudrait qu'il sorte...
Mais on frappe à la porte.
On vient verbaliser'.
Mon Dieu si c'était Pierre,
Sachant notre malheur...
Justement, c'est mon frère.
Le voilà sur mon cœur.

Bientôt de la justice
Nous ne craindrons plus rien.
Sa profonde malice,
Jamais ne mène à bien.
Pardonne, ô mon Dieu ! grâce !
Disait Jean à genoux.
Que notre vie efface
Ma honte et ton courroux.

Et vous, si l'indigence
Règne dans vos maisons,
Conservez les grillons,
Vous aurez l'abondance.

MES PRIÈRES

DU MATIN ET DU SOIR

MES PRIÈRES

DU MATIN ET DU SOIR

DU MATIN

Déjà l'Aurore a fui ; Phébus qui la remplace
Etend ses rayons d'or à la cime des monts.
Tout homme intelligent sent un Dieu dans l'espace,
C'est l'heure de prier, de découvrir nos fronts,
Supplier l'Eternel de retremper nos âmes
Qui n'ont plus de vigueur et sont sans dignité,
Se laissant subjuguer par des races infâmes,
Nous ravissant l'honneur avec la liberté.
Tant de religions se partagent la terre,
Que l'on se trouve heureux de n'adorer que toi.
Peut-on sans en douter croire au fameux mystère
Qui soude avec du pain le Dieu de notre foi ?
Ton culte existe en nous, c'est notre conscience,
Qui, comme un aiguillon, nous fait sentir son dard,
Quand l'homme à l'injustice a placé sa science,
Qu'il se sent pénétré de ton divin regard.
Mais ne peut-on t'aimer sans croire à des mystères
Que la raison rejette et ne peut pratiquer ?
Le Dieu du Sinaï, qu'ont adoré nos pères,
Est toujours le seul Dieu que l'on puisse invoquer.
Le temps dans son essor emporte nos croyances.

Dieu seul est adorable, immuable, éternel.
Pourquoi le ravaler dans nos intelligences,
Etant le grand moteur de la terre et du ciel ?
Du haut de sa demeure, il plane sur les mondes,
En arrache au néant, en verse dans l'oubli,
Voit passer sous ses pieds toutes ces masses rondes
Que chauffe le soleil par ses mains établi.
C'est lui qui conduit tout, prolonge nos années,
Ou bien les raccourcit au gré de ses desseins,
Rabaisse notre orgueil, change nos destinées,
Les détruit à l'instant qu'on y pense le moins.
Sa vie est un non sens sans une âme immortelle,
Destinée à subir le jugement de Dieu ;
Si son œuvre ici-bas fut juste ou criminelle,
Elle sera logée en bon ou mauvais lieu,
L'âme est dans notre sein pour surveiller nos vices,
Les révéler à Dieu pendant notre sommeil.
Par elle il fait nos voies, connaît nos injustices ;
Elle a repris sa place au moment du réveil.

DU SOIR

Avant que le sommeil ait fermé ma paupière,
De ce jour, ô mon Dieu ! pardonne mes erreurs.
Si cette nuit pour moi doit être la dernière,
Abrite dans ton sein mon cœur et ses ferveurs.
Des auteurs de mes jours daigne abréger les peines,
S'ils ont sans le vouloir démérité de toi.
Hélas ! ils étaient bons, aimaient porter tes chaînes,
Mettaient tout leur bonheur à m'inspirer ta loi.
La vieille foi s'éteint ; quelle est l'autre croyance
Qui devra succéder au culte chrétien ?

Parmi les protestants règne la dissidence,
Et dans leur dogme aussi Dieu se transforme en pain ;
Jéhovah reste seul pour prendre l'héritage
Qu'ont scellé les martyrs par le sang et le feu.
Que nous aura servi ce monstrueux carnage ?
Qu'après quatre mille ans on croit au même Dieu.
Que voit-on aujourd'hui ? N'a-t-on pas vu naguère
Un illustre pontife obligé de s'enfuir.
Un tel fait autrefois eût ébranlé la terre ;
Le peuple indifférent l'a regardé partir.
L'âme fait pressentir qu'il est une autre vie,
Que l'on revoit au ciel ceux qui nous ont aimés,
Qu'elle n'est ici-bas qu'un instant asservie,
Pour prendre un nouveau corps et des sens animés.
L'univers est de Dieu, partout sont ses merveilles ;
Le ciel est parsemé de mondes inconnus ;
Le soleil de la terre arrondit les mamelles,
La nue arrache aux flots l'eau qui nourrit l'humus.
Que sert de nous vanter de terrestres miracles,
Pendant que dans le ciel Dieu nous en éblouit ?
Si des peuples tombés croyaient aux faux oracles,
C'est que pour eux le jour était encor la nuit.
Mortel irrésolu, tu peux être ton guide ;
La nature t'a fait l'arbitre de ton sort.
La raison vient de Dieu, c'est la meilleure égide,
Tu dois la consulter pour arriver au port.
Quand l'heure de la mort pour moi sera sonnée,
Que Dieu balancera mon mal avec mon bien,
Mon âme à ses décrets dès longtemps résignée,
Accepte humble et soumise ce qui vient de sa main.

LE DOUTE

ODE

LE DOUTE

ODE

A tes pieds, prosterné, daigne éclairer mon âme.
O mon Dieu ! fais descendre un rayon de ta flamme
Dans mes sens engourdis pour m'inspirer ta loi !
Dis, me rangeras-tu parmi les infidèles ?
Avec les novateurs et les anges rebelles ?
      Pour n'adorer que toi.
Quand l'homme à pu vieillir, qu'il est près de la tombe
Que le ciel est l'espoir sur lequel il se fonde,
Oh ! combien il voudrait connaître l'avenir !
Doit-il encor souffrir dans une autre hémisphère,
Tous les maux infinis qu'il souffre sur la terre,
      Où tout doit-il finir ?
Non, tout ne finit pas ; les mondes dans l'espace,
Ont assez de circuit pour loger notre race ;
Car enfin, disons-le, qu'emporte-t-on là haut ?
Un petit feu follet que Dieu cache à la vue,
Un reste du soleil pris sur son étendue,
      Qu'il mit dans nos cerveaux.

DIEU

ET LES MATÉRIALISTES

11

DIEU ET LES MATÉRIALISTES

Qu'importe si Broussais, Bichat et compagnie,
Ont nié l'âme et Dieu dans leurs ignominies,
Qu'ils ont disséqué l'homme et n'ont pas pu trouver
Où l'âme avait sa couche ainsi que son lever ;
Qu'alors ils se sont dit : tout est de la matière,
L'âme et Dieu sont des mots sans forme et sans lumière.
Cela n'est qu'un mensonge à notre humanité
Que la longueur du temps a trop accrédité.
A nous de rétablir chaque chose à sa place,
Démontrer notre globe environné d'espace,
Dire que l'univers a toujours existé,
Que la création n'est qu'une nouveauté.
Que tout a progressé, sans appui, de lui-même,
Que le monde a marché par la force suprème.
Le chaos n'est qu'un conte à bercer les enfants,
Nul ne l'a débrouillé, son heure est tous les temps ;
Nous naissons, nous mourrons, selon la loi des âges ;
Les uns s'en vont plus tôt, les autres sont plus sages,
Car la mort est utile à tout le genre humain :
Elle allége la vie, en réduit le trop-plein ;
C'est ainsi que le veut notre mère nature ;
A la terre en son temps, elle rend sa parure ;
Elle fait tout germer, et l'on voit le printemps
Succéder à l'hiver et reverdir les champs,

TABLE DES MATIÈRES

SAINT-ÉTIENNE, IMPRIMERIE FORESTIER